です．語彙は単語と言いかえてもよいでしょう．そしてこれらを，

誰が誰に向かってどういう場面で用いるのか

ということの中で学ぶのです．したがっていわゆる語学書は単に単語や文がそれらしく並んでいればいいというものではありません．頭で教科書を作ってもだめなのです．ことばそのものをこれでもか，これでもかと観察しつくして，そこで得られた知恵を基礎に本を編まねばなりません．だって**学習者は皆，実際のことばの海の中で泳ぐ**のですから．そして本は既に学んだことの上に新たに学ぶことを順序だてて組み立てねばなりませんし，上で述べたように，最小の力で最大の効果が得られるように，何を示し，何を繰り返すか，考え抜かねばなりません．**学習項目の選択と配列は，ことばを学ぶ本の真髄**(しんずい)です．学習書に不備があれば，

学習書の欠点は，すべて学習者が負担する

ことになります．したがってことばを学ぶ本は，その背骨は絶対に本格派でなければならないのです．

さあ，『ぷち韓国語』の特長がおわかりいただけたでしょう．本書は同じ朝日出版社から出されている『至福の朝鮮語』の，いわば**弟分**でもあります．同書は学習者の皆さんから「どうしてもっとはやくこの本に出会わなかったのだろう」といったような，それはそれは身に余るほどの絶賛のおことばや感謝のおことばをたくさんいただいている本です．『ぷち韓国語』はこれを「もっと易しく，もっと優しく」を合言葉に新たに書き上げた，いわば『**至福の朝鮮語 light**』ともいうべき本なのです．

『ぷち韓国語』は三人の著者が情熱を込めて作り上げた共同の作品です．同時に，東京外国語大学の趙義成先生，中村麻結氏，安垠姫氏，金恩愛氏，孫貞慧氏，林田氏，小林由枝氏，辻野松紀氏，杉山豊氏からも，ほんとう

に貴重な助言をたくさん頂戴しました．さらに，CD 録音につきましては，NHK国際局アナウンサーの林周禧氏，李泓馥氏，またNHKハングル講座ゲストである，上記の安垠姫氏，金恩愛氏，そして安正進氏にご協力いただきました．皆さまに心からお礼申し上げます．

朝日出版社の藤野昭雄氏，山田敏之氏は，本書を良いものにするために，がんばってくださいました．心より感謝申し上げます．

これから学ぶ皆さんも，再びチャレンジなさる方も，そして韓国語を教えておられる先生方も，『ぷち韓国語』を胸に，生き生きとした韓国語の世界を共に楽しんでいただければ，こんな幸せなことはありません．

著者

凡例

● 本書は，**独習できるように構成**してありますが，大学や高等学校における外国語の授業や，市民講座などの**入門，初級の段階での教科書としての使用**も想定しています．授業時間にもよりますが，2回で1課，あるいは1回1課の進度を基準に調整していただけばよいでしょう．巻末には発展的な学習のためのページを設けています．

● 本書の表記は基本的に大韓民国のつづりかた，正書法に従っています．朝鮮民主主義人民共和国で正書法の異なるものについては，★印で解説を加えています：

　　　　例）　　육 六　★共和国では 륙

　上の場合なら，韓国なら「육」と書くが，共和国では「륙」と書くということです．なお，こうした違いはそう多くありません．

● 本書では発音を表記する場合には［　］内に入れて示しています．発音記号のほか，場合によってはカナやハングル文字も使用しています．また日本語の漢語にあたる韓国語の漢字語については＜　＞内に入れて，韓国で用いられる字体で漢字を表記しています：

　　　　例）　　学校 ＜學校＞ [ha$^{k?}$kjo ハッキョ 학꾜]

● 発音記号のうち，（　）内で示した音は，しばしば弱くなったり，脱落したりする音です．とりわけ[h]の音がこれで示されます：

　　　　例）　　안녕하세요 [annjɔŋ(h)asejo]

　上の例ですと，文字通りゆっくり発音すると[アンニョンハセヨ]だが，通常の速度では[アンニョンアセヨ]のようになるということを示します．

● 耳からの学習のために CD を付しています．文字と発音，各課の会話と練習を，普通に会話する速度で録音してあります．韓国語の音の美しさを繰り返し味わってください．

目次

	はじめに	3
	凡例	7
	主な登場人物です！	11
第1課 ◆	韓国語とは	13
	韓国語について知る	
第2課 ◆	文字と発音(1)母音	17
	母音字母とその発音	
☀	「おばさん」と「おばーさん」？	23
第3課 ◆	文字と発音(2)子音：初声	24
	子音字母とその発音：初声	
第4課 ◆	文字と発音(3)子音：終声	32
	子音字母とその発音：終声	
第5課 ◆	こんにちは	41
	あいさつのことば	
☀	なぜ「アンニョンハセヨ」と「アンニョンハシムニッカ」の2つがあるの？	47
第6課 ◆	学生でいらっしゃいますか	48
	体言＋です(1)．	
	体言＋でいらっしゃいますか．	
☀	**ぷち表現1**：あいさつ	57
第7課 ◆	お宅は東京でいらっしゃいますか	58
	…は．丁寧化語尾．	
第8課 ◆	私はパク・スミンと申します	65
	体言＋です(2)．体言＋と申します．	

第9課	◆	ホテルはどこですか	73
		…が. 場所を尋ねる. こそあど(1).	
🌀		**ぷち表現2**：あいづち表現	82
第10課	◆	それは金先生のではありません	83
		否定の指定詞. こそあど(2).	
第11課	◆	用言の活用	92
		用言. 用言の活用(1).	
第12課	◆	携帯カメラしかありません	98
		存在詞.	
		子音語幹の用言の합니다体と해요体.	
		婉曲法. 位置と方向の名詞.	
		…も. …しか. …に.	
第13課	◆	インターネットを見ます	110
		母音語幹の用言の합니다体と해요体.	
		…で. …を. …より. …へ.	
🌀		**ぷち表現3**：前置き表現	124
第14課	◆	李先生はいらっしゃいますか	125
		確認法. …するでしょう？ 尊敬形.	
第15課	◆	お昼, 召し上がりましたか	136
		過去形. 否定形(1). 不可能.	
		複数を示す接尾辞.	
第16課	◆	2号線に乗ってください	153
		命令形. 場所. 時間.	
🌀		**ぷち表現4**：喜びとほめの表現	166
第17課	◆	韓国料理はお好きですか	167
		하다と하다用言. …や. …して. 否定形(2)	

第18課	◆	韓国のインサドンをご存知ですか	178
		用言の活用(2). …するが.	
第19課	◆	韓国語がお上手ですね	188
		感嘆語尾. 願望を表す形.	
		…して. 用言の活用(3)	
◎		「としょかん」と「トソグァン」!	200
◎		**ぷち表現5**：買い物の表現	201
発展学習	◆	もっと表現を(1) 連体形	202
発展学習	◆	もっと表現を(2) 接続形	206
発展学習	◆	もっと表現を(3) 将然(しょうぜん)判断	210
発展学習	◆	もっと表現を(4) 非敬意体	212
発展学習	◆	もっと表現を(5) …している	214
◎		発音の変化	216
◎		主な体言語尾	228
◎		用言の活用の型	233
◎		反切表	235
◎		日本語の五十音をハングルで書く	238
		ぷちチャレの答え	240
索引1		語尾や接尾辞などの索引	254
索引2		韓国語単語集・索引	257
索引3		日本語単語集・索引	267
索引4		事項索引	279

主な登場人物です！

●イー・チウン（이지은）大学生

●チョ・ミナ（조민아）高校生

●カン・ソグ（강석우）大学生

●キム・ソンデ（김성대）会社員

●パク・スミン（박수민）会社員

제 1 과 ● 韓国語とは

> 韓国語について知る

● **言語の名称**

　私たちが学ぼうとしているこのことばの名称としては,「朝鮮語」,「韓国語」,「コリア語」などが日本では用いられています.ときに言語名として「ハングル」や「ハングル語」とも言われますが,「ハングル」は「ひらがな」や「カタカナ」などのような,文字の名称であって,言語名ではありません.「ハングル語」はいわば「ひらがな語」といったような意味で,ちょっとおかしな呼びかたです.学術的な名称としては日本では「朝鮮語」が一般的です.

　大韓民国(韓国),朝鮮民主主義人民共和国(共和国)においては次のような名称が一般的です:

言語の名称	
大韓民国	朝鮮民主主義人民共和国
ハングゴ ハングンマル (「韓国語」の意)	チョソノ チョソンマル (「朝鮮語」の意)
ウリマル(「私たちのことば」の意).クゴ([国語」の意)	

● どこで使われているのか

　数千あるといわれている世界の言語のなかで，韓国語は，話し手の数では15位前後に入るほどの大きな言語です．朝鮮半島だけでなく，中国やロシア，中央アジアのウズベキスタンやカザフスタン，アメリカやオーストラリア，そして日本と，実に多くの国々に韓国語の話し手が住んでいます．

　韓国の標準語はソウルのことばがその基礎となっています．本書でもこれを基礎に学びます．一方，共和国で「文化語」と呼ばれる標準語にあたることばは，平壌（ピョンヤン）方言をその基礎としています．社会体制の違いから，単語や表記法などにわずかな違いが見られるものの，南北の言語はどこまでも1つの言語です．

● ことばのしくみ

　韓国語は日本語ととてもよく似たしくみを持つことばです．

　次の韓国語とそれをほぼ直訳した日本語訳を見ると，2つの言語の構造はとてもよく似ていることが分かります：

韓国語						
서울에서	찍어	온	사진을	거실에	예쁘게	걸었다.
ソウレソ	チゴ	オン	サジヌル	コシレ	イェプゲ	コロッタ.
ソウルで	撮って	きた	写真を	リビングに	きれいに	かけた.
日本語						

　また，日本語のいわゆる「てにをは」に相当するものも韓国語にあります．そのため，日本語を母語とする人にとっては，少なくとも構造に関しては，とても学びやすい言語だと言えます．

　しかし，韓国語を日本語に直訳するだけでは，しばしば不自然さを感じるときがあります．これは韓国語と日本語がよく似た構造を持っているとは言え，

実はいろいろな点で異なっているからです．似ていながら異なっている，実にそのことが，韓国語を知れば知るほど，皆さんをきっと楽しくさせてくれるに違いありません．

● **韓国語の単語**

韓国語の単語は，日本語のやまとことばに相当する**固有語**，漢字で書くことができる**漢字語**，そして，主に西欧から受け入れた**外来語**という3つの単語のグループからなり，ときに，それらの混交である**混種語**があります：

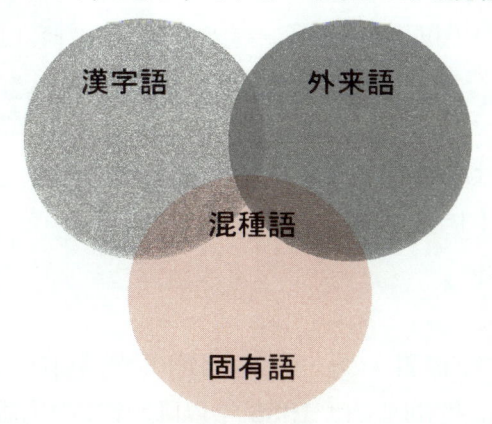

固有語	저	[チョ]	(私)
漢字語	고속도로 <高速道路>	[コソクトロ]	(高速道路)
外来語	드라마	[トゥラマ]	(ドラマ)
混種語	메일주소 <-住所>	[メイₗジュソ]	(メールアドレス)

このうち漢字語の存在は，日本語にも漢字語に相当する漢語があるので，日本語を母語とする人にとっては，韓国語を勉強する上ではとてもありがたいものです．「高速道路」と「コソクトロ」のように，音が似ている単語もしばしば見られます．ただ，たとえ漢字語であっても，書くときは基本的にハングルで表記されます．韓国では地名や公共施設などの案内にハングルと漢字が

併記されることもありますが，共和国では漢字は一切使われていません．

● ハングル

ハングルは 15 世紀，1443 年に朝鮮王朝第 4 代世宗大王を始めとする優秀な学者たちによって計画的に作られた文字で，1446 年（世宗 28 年）に『訓民正音』の名の書物で公布されました．その文字は単音文字（アルファベット）の原理を持ちながら，書くときは音節単位で書くので，言うならばアルファベット原理を持つ音節文字と言えます．ハングルの字形はローマ字や漢字とは全く異なる独創的なもので，子音は発音器官をかたどり，母音は天（・），地（ー），人（｜）をかたどって作られています．

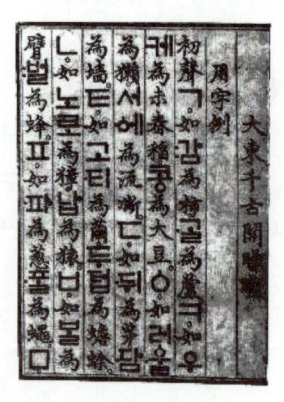

『訓民正音』

● 縦書きと横書き

韓国語は，横書き，縦書きのいずれも可能です．韓国においては横書きが主流となっており，共和国では 1955 年以降，全ての出版物が横書きとなっています．また，韓国語を書くときは，単語と単語の間を離して書く，いわゆる**分かち書き**をし，文末には「．」や「？」，「！」などの符号をつけます．

제 **2** 과 ● 文字と発音（1）母音

母音字母とその発音

● 1. ハングルの構造

　ハングルは，日本語のひらがなと同じく，1文字が1音節を表す音節文字です．さらに1文字はいくつかの字母から成り立っています．アルファベットと同じく，1字母は1音を表します．ハングルはアルファベットの原理で成り立っている音節文字と言えます：

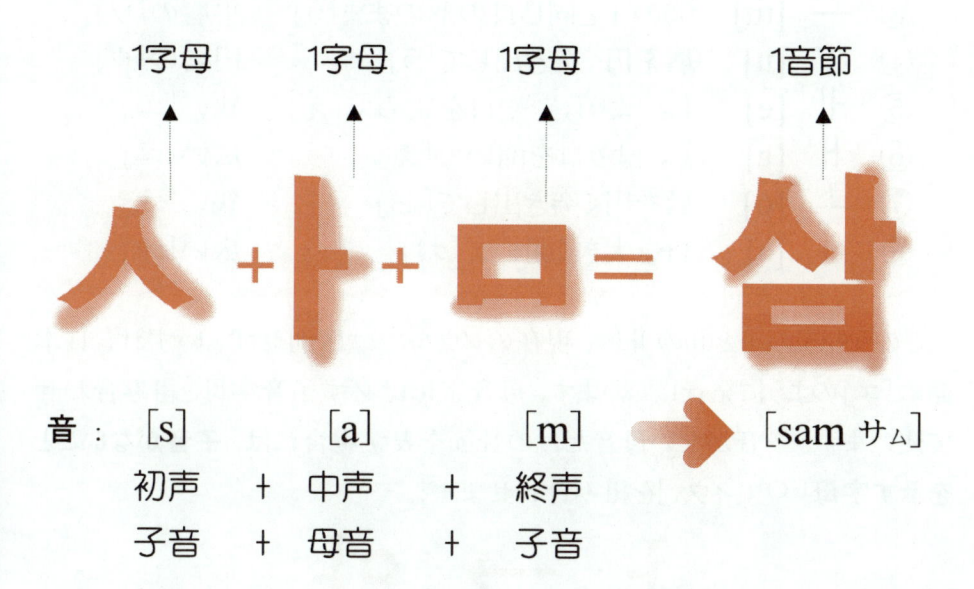

1字母　　　　1字母　　　　1字母　　　　　　　1音節
ㅅ ＋ ㅏ ＋ ㅁ ＝ 삼

音： 　[s] 　　　 [a] 　　　 [m] 　➡ 　[sam サム]
　　　初声　＋　中声　＋　終声
　　　子音　＋　母音　＋　子音

　「삼」の「ㅅ」のように音節の最初に現れる子音を**初声**，「삼」の「ㅏ」のように初声の次に現れる母音を**中声**，「삼」の「ㅁ」のように中声の次に現れる子音，つまり音節末の子音を**終声**といいます．終声を表す字母を**パッチム**とい

います．

> ● ハングル1文字　　→　字母に分解できる
> 　　　　　　　　　　　　（삼　→　ㅅ＋ㅏ＋ㅁ）
> ● ひらがな，カタカナ　→　それ以上分解できない

● 2. 単母音

単母音は次の8つがあります：

> ① ㅏ [a]　　口を大きく開けて「あ」　　　　　　「ア」
> ② ㅣ [i]　　口を横に引いて「い」　　　　　　　「イ」
> ③ ㅡ [ɯ]　　②のㅣと同じ口の形のまま「う」　　平唇の「ウ」
> ④ ㅜ [u]　　唇を円く突き出して「う」　　　　　円唇の「ウ」
> ⑤ ㅔ [e]　　「え」よりもやや口を狭めて「え」　 狭い「エ」
> ⑥ ㅐ [ɛ]　　「え」より口を開いて「え」　　　　広い「エ」
> ⑦ ㅗ [o]　　唇を円く突き出して「お」　　　　　狭い「オ」
> ⑧ ㅓ [ɔ]　　口を大きく開いて「お」　　　　　　広い「オ」

このうち⑤のㅔと⑥のㅐは，現在のソウルでは区別せず，いずれも日本語の「エ」のように発音しています．母音字母は必ず子音字母と組み合わせて使います．子音がない母音だけの音節を表す場合には，**子音がないことを示す字母**「ㅇ」[イウん]を組み合わせます：

$$ㅏ \rightarrow 아$$

[a ア]

● 3. 母音三角形

←前舌 ② 이[i イ] ③ 으[ɯ ウ] ④ 우[u ウ] 後舌→

⑤ 에[e エ]　　　　　　　오[o オ] ⑦

⑥ 애[ɛ エ]　　　　어[ɔ オ] ⑧　　狭い ↑

　　　　　　　　　　　　　　　　口の開き

① 아[a ア]　　　　広い ↓

● 4. 半母音

日本語の「ヤ」,「ワ」のような半母音[j], [w]がついた音です.半母音[w]を伴う音は,日本語の「わ」より唇の強い丸めを伴って始まる音になります:

아	[a ア]	야	[ja ヤ]	우	[u ウ]	유	[ju ユ]
어	[ɔ オ]	여	[jɔ ヨ]	에	[e エ]	예	[je イエ]
오	[o オ]	요	[jo ヨ]	애	[ɛ エ]	얘	[jɛ イエ]

아	[a ア]	와	[wa ワ]	어	[ɔ オ]	워	[wɔ ウォ]
애	[ɛ エ]	왜	[wɛ ウェ]	에	[e エ]	웨	[we ウェ]
이	[i イ]	외	[we ウェ]	이	[i イ]	위	[wi ウィ]

※ 왜と외はいずれも[we ウェ]と発音.
※ 子音(→3課)と結合すると,ㅖは常に[e エ]と発音.

5. 二重母音 "ㅢ"

ㅡ[ɯ ウ]とㅣ[i イ]を組み合わせた二重母音ㅢ[ɯi ウィ]があります：

의 [ɯi ウィ]

ㅟ[wi ウィ]が唇を丸めてからㅣ[i イ]に移行する音であるのに対し，このㅢ[ɯi ウィ]は口の形は平らなまま変わりません．この의は，現れる位置によって，次の3通りの発音があります：

文字 **의** の発音

① 語頭で　　　　　[ɯi ウィ]
　의외 [ɯiwe] 〈意外〉(意外)
② 「…の」の意味で　　[e エ]
　아이의 우유 [aie uju]
　　　　〈-牛乳〉(子供の牛乳)
③ 語頭以外で　　　　[i イ]
　예의 [jei] 〈禮儀〉(礼儀)

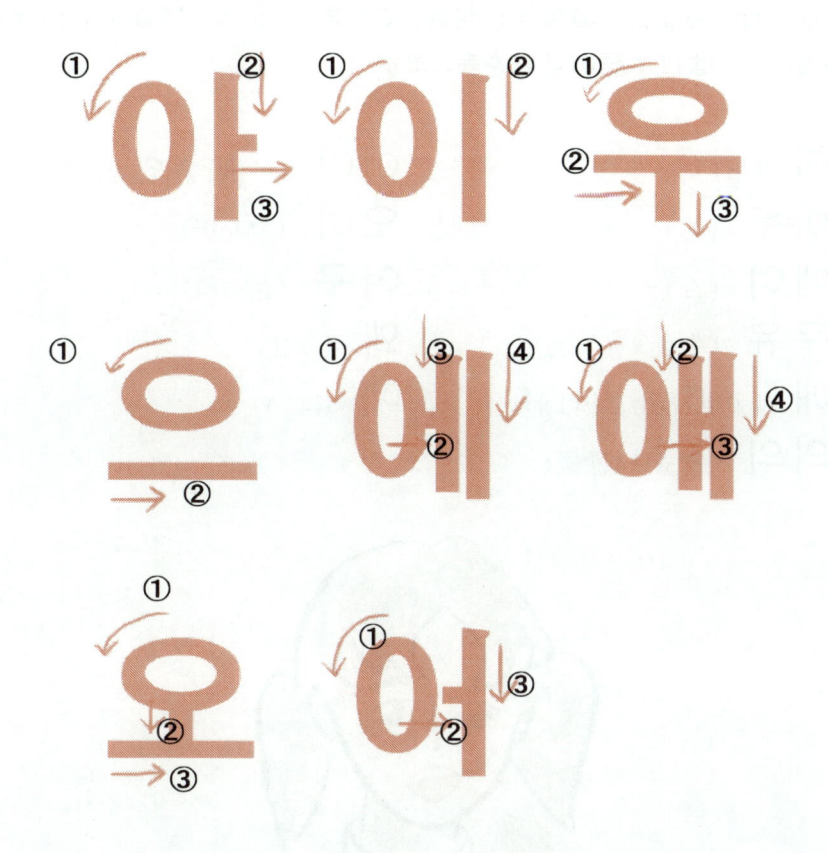

● 母音字母と ○ [iɯŋ イウん] の書き順

2課のぷちチャレ

● 母音字母からなる次の単語を発音してみましょう．＜ ＞は漢字語の漢字表記を示し，（ ）は日本語の意味を表します：

① 이 （歯）
② 아이 （子供：書きことば形）
③ 아우 （弟）
④ 오이 （きゅうり）
⑤ 에이 （A）
⑥ 여우 （きつね）
⑦ 우유 ＜牛乳＞（牛乳）
⑧ 왜 （なぜ）
⑨ 애 （子供：話しことば形）
⑩ 예 （はい）
⑪ 의의 ＜意義＞（意義）

「おばさん」と「おばーさん」？

　日本語の「おばさん」と「おばあさん」は，実は「ば」を長く伸ばして「ばー」と発音するかどうかという違いがあります．発音記号で書けば，[obasaɴ]と[obaːsaɴ]の違いで，[b]の次の[a]が長いか短いかの違いです．この場合の長く発音する母音を日本語では「おばあさん」のように「あ」を使って表記しているわけです．このように長く伸ばして発音される母音を**長母音**と呼びます．日本語は，**母音の長短で単語の意味を区別**しているのです．

　実は韓国語にもこうした単語の第一音節目，つまり単語の最初の音節には**長母音がありました**．「ありました」というのは，ソウルではもともとあった長母音が他の母音と同じように短く発音され，若い人々の間では長母音は事実上なくなってしまっているからです．例えば누나(お姉さん)や해요(します)という単語は元来，[nuːna ヌーナ]や[hɛːjo ヘーヨ]のように，母音[u]や[ɛ]を長く発音する単語で，辞書にもそう記載されています．ところがいわゆる標準語の基礎になっている**ソウルことばを話す人々は，こうした長母音を短く発音するようになっています**．ソウルの友達がいたら，試しにこれらの単語の発音を尋ねてみましょう．長母音だといったら，きっとかえって驚かれるでしょう．ソウルでは一部の高齢者層のことばを除いて，**母音の長短で単語の意味を区別するシステムは事実上，崩壊**してしまっているのです．

　多くの辞書でも長母音は表示されています．本書でも発音記号には長母音であることがわかるよう，[aː]や[uː]のように，記号[ː]で表示してあります．しかし何と言っても本家本元の母語話者(ネイティブ・スピーカー)がわからないのですから，皆さんも長母音で発音する必要はありません．

제 3 과 ● 文字と発音(2) 子音:初声

子音字母とその発音:初声

● 1. 初声＝音節の頭の子音

初声は，発音の方法によって，**鼻音**(びおん)，**平音**(へいおん)，**激音**(げきおん)，**濃音**(のうおん)，**流音**(りゅうおん)に分けられます．

● 2. 鼻音

肺から来る空気が鼻に抜ける音が，鼻音です：

鼻音		鼻に抜ける音
ㅁ	[m]	日本語のマ行の子音とほぼ同じ
ㄴ	[n]	日本語のナ行の子音とほぼ同じ

鼻音と単母音の組合せ

	1	2	3	4	5	6	7	8
	ㅏ	ㅣ	ㅡ	ㅜ	ㅔ	ㅐ	ㅗ	ㅓ
	a	i	ɯ	u	e	ɛ	o	ɔ
ㅁ	마	미	므	무	메	매	모	머
m	ma	mi	mɯ	mu	me	mɛ	mo	mɔ
ㄴ	나	니	느	누	네	내	노	너
n	na	ni	nɯ	nu	ne	nɛ	no	nɔ

① 나 [na]（わたし）　　② 어머니 [ɔmɔni]（お母さん）

③ 어느 [ɔnɯ]（どの） ④ 의미 [ɯi:mi]〈意味〉（意味）
⑤ 너 [nɔ]（お前．君） ⑥ 누나 [nu:na]（〈弟からみて〉姉）

● 3. 平音

　平音は，ほとんど「いき」を伴わず，柔らかく発音される子音です．平音は語頭に来る場合にのみ，日本語の清音や半濁音のような「こえ」を伴わない，澄んだ無声音となり，語中に現れると，「こえ」を伴い，日本語の濁音のように濁った有声音になります：

平音	語頭では澄んだ無声音		語中では濁った有声音	
ㅂ	[p]	「パ」行の子音	[b]	「バ」行の子音
ㄷ	[t]	「タ」行の子音	[d]	「ダ」行の子音
ㄱ	[k]	「カ」行の子音	[g]	「ガ」行の子音
ㅈ	[tʃ]	「チャ」行の子音	[dʒ]	「ジャ」行の子音

　平音には「サ」行の子音にあたる音「ㅅ」もあります．この音は語頭，語中の区別なく無声音です．なお，「いき」は出ても構いません：

平音	語頭，語中の区別なく[s][ʃ]	
ㅅ	[s, ʃ]	「サ」行の子音．[i], [j]の前では日本語同様[ʃ]

平音と単母音の組合せ

	1 ㅏ a	2 ㅣ i	3 ㅡ ɯ	4 ㅜ u	5 ㅔ e	6 ㅐ ɛ	7 ㅗ o	8 ㅓ ɔ
ㅂ p	바 pa	비 pi	브 pɯ	부 pu	베 pe	배 pɛ	보 po	버 pɔ
ㄷ t	다 ta	디 ti	드 tɯ	두 tu	데 te	대 tɛ	도 to	더 tɔ
ㄱ k	가 ka	기 ki	그 kɯ	구 ku	게 ke	개 kɛ	고 ko	거 kɔ
ㅈ tʃ	자 tʃa	지 tʃi	즈 tʃɯ	주 tʃu	제 tʃe	재 tʃɛ	조 tʃo	저 tʃɔ
ㅅ s, ʃ	사 sa	시 ʃi	스 sɯ	수 su	세 se	새 sɛ	소 so	서 sɔ

① 그 [kɯ]（その）
② 가게 [kaːge]（店）
③ 다시 [taʃi]（再び．また）
④ 자기 [tʃagi]〈自己〉（自分）
⑤ 누구 [nugu]（誰）
⑥ 아버지 [abɔdʒi]（お父さん）
⑦ 여기 [jɔgi]（ここ）
⑧ 나이 [nai]（歳）

● 4. 激音

激音は，強い「いき」を伴う音で，どれも無声音です．語中でも濁らず，常に同じ音です．発音記号は右肩に小さな「ʰ」をつけて表します：

激音		語頭，語中の区別なく濁らず，「いき」が出る
ㅍ	[pʰ]	「パ」行の子音
ㅌ	[tʰ]	「タ」行の子音
ㅋ	[kʰ]	「カ」行の子音

ㅊ	[tʃʰ]	「チャ」行の子音
ㅎ	[h]	「ハ」行の子音. 語中では音が弱化したり脱落したりする

激音と単母音の組合せ

	1	2	3	4	5	6	7	8
	ㅏ	ㅣ	ㅡ	ㅜ	ㅔ	ㅐ	ㅗ	ㅓ
	a	i	ɯ	u	e	ɛ	o	ɔ
ㅍ pʰ	파 pʰa	피 pʰi	프 pʰɯ	푸 pʰu	페 pʰe	패 pʰɛ	포 pʰo	퍼 pʰɔ
ㅌ tʰ	타 tʰa	티 tʰi	트 tʰɯ	투 tʰu	테 tʰe	태 tʰɛ	토 tʰo	터 tʰɔ
ㅋ kʰ	카 kʰa	키 kʰi	크 kʰɯ	쿠 kʰu	케 kʰe	캐 kʰɛ	코 kʰo	커 kʰɔ
ㅊ tʃʰ	차 tʃʰa	치 tʃʰi	츠 tʃʰɯ	추 tʃʰu	체 tʃʰe	채 tʃʰɛ	초 tʃʰo	처 tʃʰɔ
ㅎ h	하 ha	히 hi	흐 hɯ	후 hu	헤 he	해 hɛ	호 ho	허 hɔ

① 페이지 [pʰeidʒi] (ページ) ② 카피 [kʰapʰi] (コピー)
③ 티슈 [tʰiʃu] (ティッシュ) ④ 커피 [kʰɔpʰi] (コーヒー)
⑤ 차 [tʃʰa] 〈車〉 (車)

⑥ 회화 [hwe:(h)wa] 〈會話〉 (会話)
⑦ 최 [tʃʰwe:] 〈崔〉 (崔〈姓のひとつ〉) ⑧ 해 [hɛ:] (太陽)

⑨ 오후 [oː(h)u] ⟨午後⟩（午後）　　⑩ 하나 [hana]（ひとつ）

● 5. 濃音

濃音は,「いき」を全く伴わない音で, どれも無声音です. 語中, 語頭にかかわらず, 常に同じ音です. のどを著しく緊張させて出します. 発音記号は左肩に小さな「ʔ」をつけて表します：

濃音		語頭, 語中の区別なく濁らず,「いき」が出ず, のどを締める
ㅃ	[ʔp]	「パ」行の子音.「やっぱり」の「っぱ」の子音に似る
ㄸ	[ʔt]	「タ」行の子音.「やった」の「った」の子音に似る
ㄲ	[ʔk]	「カ」行の子音.「すっかり」の「っか」の子音に似る
ㅉ	[ʔtʃ]	「チャ」行の子音.「うっちゃり」の「っちゃ」の子音に似る
ㅆ	[ʔs, ʔʃ]	「サ」行の子音.「あっさり」の「っさ」の子音に似る

濃音と単母音の組合せ

	1 ㅏ a	2 ㅣ i	3 ㅡ ɯ	4 ㅜ u	5 ㅔ e	6 ㅐ ɛ	7 ㅗ o	8 ㅓ ɔ
ㅃ ʔp	빠 ʔpa	삐 ʔpi	쁘 ʔpɯ	뿌 ʔpu	뻬 ʔpe	빼 ʔpɛ	뽀 ʔpo	뻐 ʔpɔ
ㄸ ʔt	따 ʔta	띠 ʔti	뜨 ʔtɯ	뚜 ʔtu	떼 ʔte	때 ʔtɛ	또 ʔto	떠 ʔtɔ
ㄲ ʔk	까 ʔka	끼 ʔki	끄 ʔkɯ	꾸 ʔku	께 ʔke	깨 ʔkɛ	꼬 ʔko	꺼 ʔkɔ
ㅉ ʔtʃ	짜 ʔtʃa	찌 ʔtʃi	쯔 ʔtʃɯ	쭈 ʔtʃu	쩨 ʔtʃe	째 ʔtʃɛ	쪼 ʔtʃo	쩌 ʔtʃɔ
ㅆ ʔs, ʔʃ	싸 ʔsa	씨 ʔʃi	쓰 ʔsɯ	쑤 ʔsu	쎄 ʔse	쌔 ʔsɛ	쏘 ʔso	써 ʔsɔ

① 아가씨 [agaʔʃi]（お嬢さん）　② 때 [ʔtɛ]（時）
③ 오빠 [oʔpa]（<妹から見た>お兄さん）　④ 아까 [aʔka]（さっき）
⑤ 찌개 [ʔtʃigɛ]（鍋物）

● 6. 流音
流音は，舌先が歯茎をはじく音で，ほぼ日本語の「ラ」行の音です:

流音	語頭，語中の区別なくラ行音	
ㄹ	[r]	「ラ」行の子音

流音と単母音の組合せ

	1	2	3	4	5	6	7	8
	ㅏ	ㅣ	ㅡ	ㅜ	ㅔ	ㅐ	ㅗ	ㅓ
	a	i	ɯ	u	e	ɛ	o	ɔ
ㄹ	라	리	르	루	레	래	로	러
r	ra	ri	rɯ	ru	re	rɛ	ro	rɔ

① 노래 [norɛ]（歌）　② 우리 [uri]（私たち）
③ 라디오 [radio]（ラジオ）★共和国では 라지오 [radʒio].

● 子音字母の書き順と名称

기역	쌍기역	니은	디귿	쌍디귿
キヨク	サんギヨク	ニウン	ティグッ	サんディグッ

리을	미음	비읍	쌍비읍	시옷
リウル	ミウム	ピウプ	サんビウプ	シオッ

쌍시옷	이응	지읒	쌍지읒	치읓
サんシオッ	イウん	チウッ	サんジウッ	チウッ

키읔	티읕	피읖	히읗
キウク	ティウッ	ピウプ	ヒウッ

3課のぷちチャレ

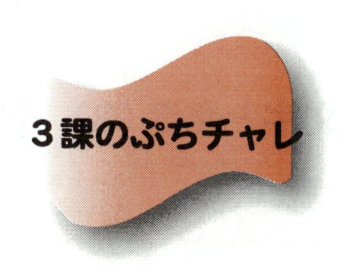

● 次の単語を発音して，書いてみましょう。

1) 나 (わたし)
2) 저 (わたくし)
3) 우리 (わたしたち)
4) 저희 (わたくしたち)
5) 여기 (ここ)
6) 거기 (そこ)
7) 저기 (あそこ)
8) 어디 (どこ)
9) 아버지 (お父さん)
10) 어머니 (お母さん)
11) 오빠 (〈妹からみた〉お兄さん)
12) 누나 (〈弟からみた〉お姉さん)
13) 때 (時)
14) 아래 (下)
15) 왜 (なぜ)
16) 위 (上) (共和国では 우)
17) 코 (鼻)
18) 치마 (スカート)
19) 회사 (会社)
20) 카메라 (カメラ)

제 **4** 과 ● 文字と発音(3) 子音：終声

> 子音字母とその発音：終声

● 1. 終声＝音節末の子音

終声に来ることができる音は次の7種類しかありません：

[ᵖ]	[ᵗ]	[ᵏ]	[m]	[n]	[ŋ]	[l]
口音			鼻音			流音

終声を表す字母は初声を表す字母と同じものを使い，文字の下半分の位置に書きます：

鼻音[m]を表す字母ㅁが初声の位置に来ると ➔ 문 [mun]
(戸．ドア)

鼻音[m]を表す字母ㅁが終声の位置に来ると ➔ 밤 [pam]
(夜)

初声　中声　終声
문

● 2. 口音の終声 🎵12

終声の中で口音は，無声音で濁りません．口から出てくる音を唇や舌などの発音器官によって**閉鎖するだけで破裂させず**，**つまる音**になります：

口音		「いき」が出ず，つまる音
ㅂ	[ᵖ ㇷ゚]	唇を閉じて止める[p]
ㄷ	[ᵗ ッ]	舌先を上の歯，歯茎に密着させて止める[t]
ㄱ	[ᵏ ク]	舌の背を上あご（軟口蓋）に密着させて止める[k]

破裂させない音であることを示すため，発音記号は右肩に小さく書きます：

① 밥 [paᵖ]（ご飯）　　② 곧 [koᵗ]（すぐ．まもなく）
③ 수업 [suɔᵖ]〈授業〉（授業）　　④ 집 [tʃiᵖ]（家）
⑤ 대학 [tɛ(h)aᵏ]〈大學〉（大学）

● 3. 鼻音の終声 🎵13

鼻音は，肺からの空気が鼻に抜ける音です：

		肺からの空気を鼻に抜く音
ㅁ	[m ム]	唇を閉じて息を鼻に抜く音．日本語の[ム]のように最後に母音をつけてはいけない．しっかり唇を結ぶこと．
ㄴ	[n ン]	舌先を上の歯，歯茎に密着させ，息を鼻に抜く音．「カンヌ」の[ン]のときの舌を更にしっかり歯の裏につけるくらいに．前から見ると舌が上の歯の下から見えるほどにつける．犬歯に押し付ける気持ちで．
ㅇ	[ŋ ん]	舌の背を上あご（軟口蓋）に密着させ，息を鼻に抜く音．「演繹」[エン̆エキ]の[ン]に似ている．唇を閉じたり舌先を持ち上げたりしてはいけない．

この本で発音をカナで示すとき,「ㄴ」はカタカナの「ン」,「ㅇ」はひらがなの「ん」を用いて書き分けることにします.

　字母ㅇは,初声の位置では子音がゼロであることを示し,終声の位置でのみ[ŋ]という音を示します.発音の勉強の際にはこの音のことを[エヌジー](-ng)とも呼びます:

① 밤 [pam]（夜）　　② 선생님 [sɔnsɛŋnim]〈先生-〉（先生）
③ 강 [kaŋ]〈江〉（河）　④ 이름 [irɯm]（名前）
⑤ 돈 [toːn]（お金）　　⑥ 사랑 [saraŋ]（愛）

4. 流音の終声

　舌を歯茎より更に奥にしっかりとつけ,肺からの空気を舌の両脇から外に出す音です:

流音		終声では舌を天井にしっかりつける音
ㄹ	[l ル]	舌の先を口の天井にしっかりつける

　舌の先をそのまま口の天井（歯茎とその少し奥）につけてもよいし,舌先を若干うしろへ巻き上げてつけてもかまいません:

① 달 [tal]（月）　　　② 말 [maːl]（ことば）
③ 얼마 [ɔːlma]（いくら）　④ 서울 [sɔul]（ソウル）

● 5. 終声規則と終声字母

　終声に来ることができる音は，ㅂㄷㄱㅁㄴㅇㄹの7種のみです．これを終声規則と言います．しかし，文字の中には終声の位置にこれら以外の字母が来るものがありますが，終声規則によって必ずㅂㄷㄱㅁㄴㅇㄹのどれかの音に還元されて発音されます：

書かれる終声字母	実際に発音される音	
ㅍ	ㅂ	[^{p} ブ]
ㅅ ㅌ ㅈ ㅊ ㅆ ㅎ	ㄷ	[^{t} ッ]
ㅋ ㄲ	ㄱ	[^{k} ク]

例：낫(鎌)，낮(昼)，낯(顔)，　[난 na^t]

① 앞 [a^p]（前）　　② 끝 [$^?$kɯ^t]（終わり）
③ 낮 [na^t]（昼）　　④ 꽃 [$^?$ko^t]（花）
⑤ 부엌 [puɔ^k]（台所）
⑥ 밖 [pa^k]（外）

● 6. 2つの子音字母からなる終声はいずれか一方を読む

ㅂㅅ	ㄱㅅ	ㄴㅈ	ㄴㅎ	ㄹㅅ	ㄹㅎ	ㄹㅌ	ㄹㅂ	前の子音字母を読む
		ㄹㄱ	(ㄹㅂ)*	ㄹㅍ	ㄹㅁ			後ろの子音字母を読む

*밟다[paːpʔta](踏む) 1語のみ.

① 값 [갑 kap](値段)　　② 여덟 [여덜 jɔdɔl](八つ)

4課のぷちチャレ

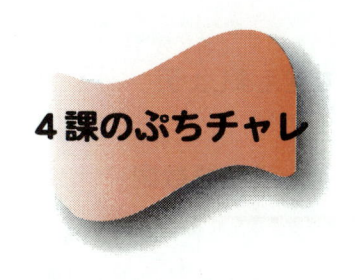

● 1. 次の単語を発音してみましょう. 🎧
17

1) 사람 （人）
2) 친구 〈親舊〉（友達）
3) 형 （〈弟から見た〉お兄さん）
4) 남동생 〈男同生〉（弟）
5) 이것 （これ）
6) 그것 （それ）
7) 저것 （あれ）
8) 오늘 （今日）
9) 김치 （キムチ）
10) 과일 （果物）
11) 빵 （パン）
12) 술 （酒）
13) 화장실 〈化粧室〉（トイレ）
14) 책 〈冊〉（本）
15) 오른쪽 （右）
16) 왼쪽 （左）
17) 한국 〈韓國〉（韓国）
18) 입 （口）
19) 한글 （ハングル）
20) 잠깐 （ちょっと）
21) 컴퓨터 （コンピュータ）
22) 인터넷 （インターネット）

● 2. 次の数詞を発音して覚えましょう.

漢字語数詞

一	二	三	四	五	六	七	八	九	十
일	이	삼	사	오	육	칠	팔	구	십

（육 ★共和国では 륙）

固有語数詞

ひとつ	ふたつ	みっつ	よっつ	いつつ
하나	둘	셋	넷	다섯
むっつ	ななつ	やっつ	ここのつ	とお
여섯	일곱	여덟	아홉	열

● 3. 看板や表示にありそうな単語が並んでいます．次の単語を発音し，意味を言ってみましょう．

1) 책   2) 산   3) 꽃

4) 우리   5) 강

6) 집   7) 대학

8) 회사   9) 노래

10) 서울
11) 차
12) 빵
13) 앞
14) 지하철
15) 컴퓨터
16) 커피
17) 한국
18) 인터넷
19) 술
20) 화장실
21) 친구

제 5 과 ● こんにちは

あいさつのことば

会話1

●ソンデさんとスミンさんが会社の前で出会う 20

01	성대	안녕하세요? アンニョンハセヨ
02	수민	네, 안녕하세요? ネ

●ソグさんが金先生と学校で会う 21

03	석우	선생님, 안녕하십니까? ソンセんニム　　アンニョンハシムニッカ
04	김 선생님	네, 안녕하십니까?

```
01 [ソンデ]     こんにちは.
02 [スミン]     (ええ,)こんにちは.
  ●
03 [ソグ]       先生, こんにちは.
04 [金先生]     (ええ,)こんにちは.
```

●単語

안녕하세요	<安寧->[annjɔŋ(h)asejo アンニョンハセヨ] こんにちは.「お元気でいらっしゃいますか」「おはようございます」「こんにちは」「こんばんは」の意
네	[ne ネ][間投詞] はい. 肯定の返事
김	<金>[kim キム] 金. もっとも人口の多い姓
선생님	<先生->[sɔnsɛŋnim ソンせんニム] 先生.「先生」の尊敬語
-님	[nim ニム] …さま. 尊敬語を作る接尾辞
안녕하십니까?	<安寧->[annjɔŋ(h)aʃimni²ka アンニョンハシムニッカ] お元気でいらっしゃいますか

会話2

●チウンさんが自分の家に遊びに来たミナさんを見送る

01	지은	안녕히 가세요. アンニョンイ カセヨ
02	민아	네, 안녕히 계세요. ネ ケーセヨ

```
01 [チウン]     さようなら.
02 [ミナ]      (ええ,)さようなら.
```

● 朴先生が李先生の家から帰る 23

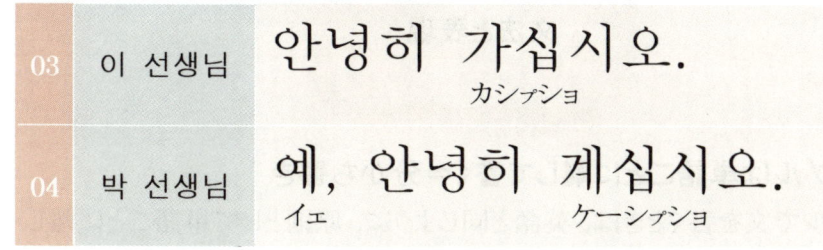

03	이 선생님	안녕히 가십시오. 　　　　カシプショ
04	박 선생님	예, 안녕히 계십시오. イェ　　　　　ケーシプショ

03 [李先生]　　さようなら.
04 [朴先生]　　（ええ.）さようなら.

● 単語

이	<李>[i: イー] 李. 2番目に人口の多い姓
박	<朴>[pa^k パㇰ] 朴. 3番目に人口の多い姓
안녕히	<安寧->[annjoŋ(h)i アンニョンヒ] お元気で. 安寧(あんねい)に
가세요	[kasejo カセヨ] お行きください
계세요	[ke:sejo ケーセヨ] 居らしてください
가십시오	[kaʃip^{ʔ}ʃo カシプショ] お行きください. [가십쑈]と発音する ➜51頁, 217頁：濃音化
예	[je イェ] [間投詞] はい. 네より改まった肯定の返事
계십시오	[ke:ʃip^{ʔ}ʃo ケーシプショ] 居らしてください. [계십쑈]と発音 ➜51頁, 217頁：濃音化

文法と表現

● **ハングルは単語ごとに離して書く＝分かち書き**

　ハングルで文を書くときは，英語と同じように，原則として単語ごとに離して書きます．これを分かち書き(띄어쓰기)[ティオッスギ]といいます．たとえば「안녕히 가세요.」は2つの単語からなる文ということになります．

● **「こんにちは」「おはようございます」「こんばんは」**

　「안녕하십니까?」，「안녕하세요?」は朝や夜にも使えますが，家庭内では使いません．また，初対面にも使えます．こうあいさつされたら，네[ne](はい)と答えてから，同じあいさつを繰り返しますが，このとき，네はつけないこともあります．예は네のさらに改まった形です．

● **行く人への「さようなら」と留まる人への「さようなら」**

　「さようなら」には次のような区別があります．お元気で「行ってください」と「居てください」の違いです：

去って行く人に対して　➡	안녕히 가세요. 안녕히 가십시오. お元気でお行きください．
留まる人に対して　➡	안녕히 계세요. 안녕히 계십시오. お元気で居らしてください．

● **2単語以上でも続けて発音すると平音は濁って発音：有声音化**

3課の3で学んだごとく，平音は지금 [tʃigɯm チグㇺ]（今）のㄱ[g グ]のように，語中では濁って発音されます．これを有声音化（ゆうせいおんか）といいます．2つ以上の単語が続けて1単語のように発音されると，やはり有声音化が起きます：

2つの単語
[アンニョンヒ ＋ カセヨ]

→

1つの単語のように続けて発音
안녕히 가세요.
[annjɔŋ(h)igasejo]
[アンニョンヒガセヨ]

● **口音の鼻音化**

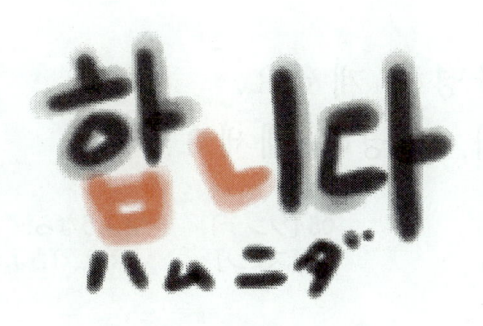

안녕하십니까?は[annjɔŋ(h)aʃipniʔka アンニョンハシㇷ゚ニッカ]とは発音せず，必ず[안녕하심니까 annjɔŋ(h)aʃimniʔka アンニョンハシㇺニッカ]と発音します．これは鼻音ㄴ[n]の直前で口音の終声ㅂ[ᵖ]を鼻音ㅁ[m]で発音しているもので，**口音の鼻音化**という現象です．합니다を[함니다 hamnida ハㇺニダ]と発音するのも同様です．→220頁：口音の鼻音化

5課のぷちアップ

●ソンデさんの家からスミンさんが帰るとき

| 01 | 성대 | 그럼 안녕히 가십시오. |
| 02 | 수민 | 안녕히 계세요. |

01 [ソンデ]　では，さようなら.
02 [スミン]　さようなら.

●道で別れるとき

| 03 | 지은 | 안녕히 가세요. |
| 04 | 석우 | 예, 안녕히 가세요. |

03 [チウン]　さようなら.
04 [ソグ]　（ええ，）さようなら.

●電話を切るとき

| 05 | 성대 | 안녕히 계세요. |
| 06 | 수민 | 네, 안녕히 계세요. |

05 [ソンデ]　さようなら.
06 [スミン]　（ええ，）さようなら.

●単語

그럼　[kɯrɔm クロム]　[接続詞] では. [間投詞] もちろん

なぜ「アンニョンハセヨ」と「アンニョンハシムニッカ」の2つがあるの？

5課で「こんにちは」に、「안녕하세요?」と「안녕하십니까?」の2通りがあることを見ました．これらはどちらも丁寧（ていねい）なあいさつで，目上の人や初対面の人にも幅広く使えます．実はこれらは**「文体」**と呼ばれる，**表現のスタイル**が異なるもので，同じ丁寧な表現であっても，少し感じが違うのです．「안녕하세요?」の形を해요[ヘヨ]体，「안녕하십니까?」の形を합니다[ハㇺニダ]体と呼びます：

안녕하세요? の形	=	해요[ヘヨ]体
안녕하십니까? の形	=	합니다[ハㇺニダ]体

日本語で言えば，どちらも「です・ます体」にあたります．実は韓国語には，丁寧な表現のほとんどに，こうした2通りの文体があります．해요体は，합니다体に比べると，次のような特徴があります：

해요体は
① もともとはソウルことばである
② どちらかというと男性より女性が多く使う
③ 柔らかくて親しみがある

합니다体の方は，ちょっとフォーマルな，改まった感じで，社会人の男性が公式な場などで用います．とりわけソウルでは해요体が非常にたくさん用いられます．

제 6 과 ● 学生でいらっしゃいますか

> 体言＋です(1). 体言＋でいらっしゃいますか
> 濃音化. 終声の初声化. ＡのＢ

−(이)에요. −(이)세요？

会話1

●チウンがミナに尋ねる

01	지은	학생이세요? ハㇰせンイセヨ
02	민아	네, 고등학생이에요. ネ　コドゥンハㇰせンイエヨ

01 [チウン]　学生でいらっしゃいますか.
02 [ミナ]　　はい, 高校生です.

●ソグがソンデに尋ねる

03	석우	회사원이세요? フェーサウォニセヨ
04	성대	네, 회사원이에요. フェーサウォニエヨ

```
03 [ソグ]     会社員でいらっしゃいますか.
04 [ソンデ]   ええ, 会社員です.
```

● 単語

학생	<學生>[hak²sɛŋ ハクセん] 学生. 生徒. 小中高生にも使う. 呼びかけの際にも用いる
고등학생	<高等學生>[kodɯŋ(h)ak²sɛŋ コドゥンハクセん] 高校生
회사원	<會社員>[hweːsawɔn フェーサウォン] 会社員
-이세요	[指定詞] …でいらっしゃいますか.「文法と表現」参照
-이에요	[指定詞] …です.「文法と表現」参照

会話2

● 大学でチウンがスミンに尋ねる 27

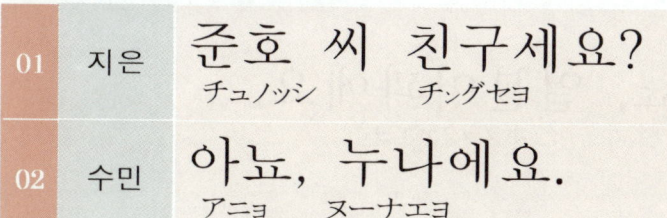

01	지은	준호 씨 친구세요? チュノッシ　　　チングセヨ
02	수민	아뇨, 누나에요. アニョ　ヌーナエヨ

```
01 [チウン]  チュノさんのお友達でいらっしゃいますか.
02 [スミン]  いいえ, 姉です.
```

● 単語

-씨	<-氏>[²ʃi シ][接尾辞] …さん. …氏. フルネームか, 名だけにつけて用いる. 韓国人の場合は姓だけにつけて「김 씨」のように言うのは失礼になる
친구	<親舊>[tʃʰingu チング] 友達
아뇨	[anjo アニョ][間投詞] いいえ. 否定の返事. 表記上は

		아니요とも書く. 아니오ともしばしば書かれるが, これは誤り
누나	[nuːna ヌーナ] (弟から見た) 姉. お姉さん	
언니	[ɔnni オンニ] (妹から見た) 姉. お姉さん	

会話3

● 大学でミナが本田に尋ねる

01	민아	한국어과세요? ハーングゴックァセヨ
02	혼다	네? ネ
03	민아	한국어과세요?
04	혼다	아뇨, 일본어과에요. イルボノックァエヨ

```
01 [ミナ]   韓国語学科でいらっしゃいますか.
02 [本田]   えっ?
03 [ミナ]   韓国語学科でいらっしゃいますか.
04 [本田]   いいえ, 日本語科です.
```

● 単語

한국어과	<韓國語科>[haːnguɡoʔkwa ハーングゴックァ] 韓国語科.「科」は[ʔkwa]と濃音で発音
네	[ne ネ][間投詞] はい. 肯定の返事. え?「네?」と語尾を上げて発音すると聞き返しとなる
일본어과	<日本語科>[ilbonoʔkwa イルボノックァ] 日本語科

文法と表現

● 濃音化＝つまる音の後ろでは濁らない

終声[ᵖ][ᵗ][ᵏ]の直後に来る平音は濁らず，濃音で発音されます：

> 学校　[학꾜]　　　　　학생　[학쌩]
> [hakʔkjo]　　　　　　[hakʔsɛŋ]
> 　学校　　　　　　　　　学生

● 終声の初声化　＝終声は次に来る母音とくっついて初声になる

> 회사원이에요　は　[hwe:sawɔn iejo　フェーサウォン　イエヨ]
> 　　　　　　　　ではなく，
> [회사워니에요]　[hwe:sawɔniejo　フェーサウォニエヨ]
> 　　　　　　　と発音される．　→216 頁

민아　　　[미나]　　　석우　　　[서구]
한국어　　[한구거]

ㅎ [h]は語中で弱化したり，なくなったりしますが，その際にも終声の初声化が起こります：

준호　　　[주노]　　　민희　　　[미니]

● 「…です」,「…ですか」の非尊敬形と尊敬形. 平叙形と疑問形

　指定詞-이다は名詞類について「…だ」「…である」の意を表します. 名詞類のことを体言といいます. 친구や누나などのような, 母音で終わる体言, すなわち, 母音語幹の体言につくときは-이-が脱落します. 子音で終わる体言では脱落しません:

辞書形 -이다 [ida] …だ	非尊敬形	平叙形	子音語幹につく	母音語幹につく	…です
		平叙形	-이에요. [i(j)ejo]	-에요. [ejo]	…です
		疑問形	-이에요? [i(j)ejo]	-에요? [ejo]	…ですか
	尊敬形	平叙形	-이세요. [isejo]	-세요. [sejo]	…でいらっしゃいます
		疑問形	-이세요? [isejo]	-세요? [sejo]	…でいらっしゃいますか

　母音語幹につく-에요は, しばしば-예요とも書かれますが, 発音は[에요 ejo]です. **相手のことを尋ねる**には尊敬形, **自分のことには非尊敬形**を用います:

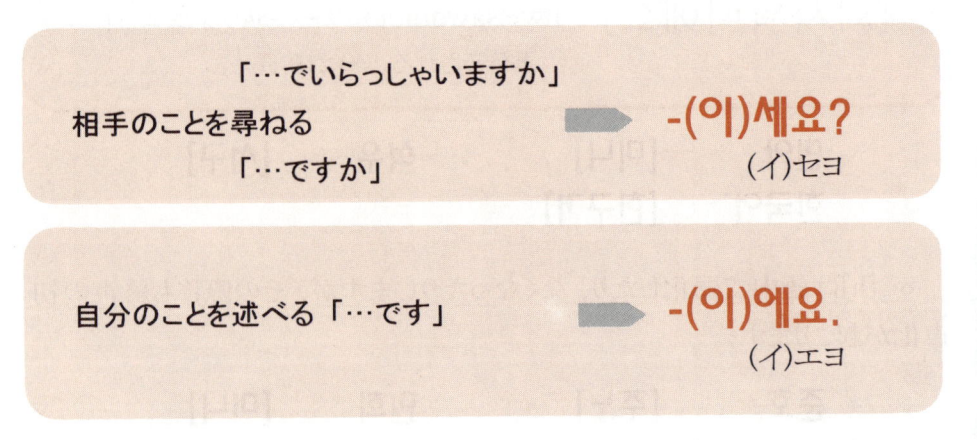

| 相手のことを尋ねる 「…でいらっしゃいますか」「…ですか」 | ➡ | **-(이)세요?** (イ)セヨ |

| 自分のことを述べる 「…です」 | ➡ | **-(이)에요.** (イ)エヨ |

子音語幹に	母音語幹に	
학생이세요? 学生でいらっしゃいますか.	친구세요? 友達でいらっしゃいますか.	相手のことを尋ねる -(이)세요?
회사원이에요. 会社員です.	누나에요. 姉です.	自分のことを述べる -(이)에요.
-이-がある	-이-が落ちる	

　日本語では「…でいらっしゃいますか」という尊敬形は, たとえば学生同士などならそれほど使われず, 「…ですか」で済ませることも一般的ですが, 韓国語では, 初対面では相手が子供でない限り, 尊敬形「-이세요?」を使うのが自然で丁寧です. それほど尊敬形が多用されるということです.

　これらの形は文末のイントネーションで平叙形と疑問形を区別します:

　　　　平叙形 : ↘ 文末を下げて発音
　　　　疑問形 : ↗ 文末を上げて発音

회사원이에요.	↘	会社員です.
누나에요.	↘	姉です.
친구에요?	↗	友達ですか.
언니세요.	↘	お姉さんでいらっしゃいます.
친구세요?	↗	お友達でいらっしゃいますか.
학생이세요?	↗	学生でいらっしゃいますか.

● AのB

「…の」にあたる語尾(助詞)に-의があります. しかし, 2つ以上の体言を並べて「A の B」というときは, 原則として日本語の「…の」にあたる形を入れず,「A　B」のように体言を並べるだけです. このとき,「학교　친구」のように分かち書きします：

学校 の 友達　➡　학교　　친구
　　　　　　　　　 学校　　友達

● 主語

日本語同様, 主語は必要なとき以外は用いません.

6課のぷちアップ

🎧 29

● 素敵なかばんが置かれているのを見て

01	수민	민아 씨 가방이에요?
02	민아	아뇨, 학교 친구 가방이에요.

> 01 [スミン]　　ミナさんのかばんですか.
> 02 [ミナ]　　　いいえ, 学校の友達のかばんです.

● 携帯電話で居場所を確認する

03	민아	지금 집이세요?
04	지은	아뇨, 학교에요.

> 03 [ミナ]　　　今, 家でいらっしゃいますか.
> 04 [チウン]　いいえ, 学校ですよ.

● 単語

가방	[kabaŋ カバン] かばん
학교	<學校>[haᵏ⁷kjo ハッキョ] 学校
친구	<親舊>[tʃʰingu チング] 友達
지금	<只今>[tʃigɯm チグム] [副詞] 今
집	[tʃiᵖ チプ] 家

6課のぷちチャレ

● 次の各文を訳しなさい．

1) 学校の先生でいらっしゃいますか．
2) 今，会社でいらっしゃいますか．
3) ミナの姉です．
4) チュノの学校の友達です．
5) 会社員です．

あいさつ ぷち表現

1) **안녕하세요?** [アンニョンハセヨ] こんにちは
2) **안녕히 가세요.** [アンニョンヒガセヨ] さようなら
3) **안녕?** [アンニョン] 元気？
4) **안녕.** [アンニョン] じゃあね
5) **잘 가.** [チャルガ] バイバイ
6) **잘 자.** [チャルジャ] おやすみ
7) **다녀오겠습니다.** [タニョオゲッスムニダ] 行って来ます
8) **다녀왔습니다.** [タニョワッスムニダ] ただいま
9) **다녀오세요.** [タニョオセヨ] 行ってらっしゃい
10) **수고하셨습니다.** [スゴハショッスムニダ] お疲れさまでした
11) **안녕히 주무세요.** [アンニョンヒジュムセヨ] おやすみなさい

제 7 과 ● お宅は東京でいらっしゃいますか

> …は. 丁寧化語尾

-는/-은,　-요? / -이요?

会話1

●武田さんについていろいろ尋ねながら

01	수민	집은 동경이세요?
02	다케다	아뇨, 요코하마에요.
03	수민	그래요? 회사는요?
04	다케다	회사요?
05		회사는 동경이에요.

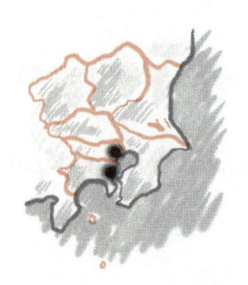

01 [スミン]　お宅は東京でいらっしゃいますか.
02 [武田]　いいえ, 横浜です.
03 [スミン]　そうですか. お勤め先は？
04 [武田]　会社ですか.
05　　　　会社は東京です.

● 単語

집	[tʃiᵖ チプ]	家
동경	<東京>[toŋgjoŋ トンギョン]	東京.（地名）
요코하마	[jokʰo(h)ama ヨコハマ]	横浜.（地名）
그래요?	[kɯrɛjo クレヨ] そうですか. 文末を上げて発音する. あいづち表現として用いられる	
회사	<會社>[hweːsa フェーサ]	会社. 勤め先

会話2

● チウンさんに尋ねる 32

01	민아	언니는 대학생이세요?
02	지은	네, 대학생이에요.
03	민아	언니 동생은요?
04	지은	동생은 고등학생이에요.

01 [ミナ] チウンさん(お姉さん)は大学生でいらっしゃいますか.
02 [チウン] はい, 大学生です.
03 [ミナ] チウンさん(お姉さん)の妹さんは?
04 [チウン] 妹は高校生です.

●学生や生徒を表す単語

학생	<學生>[hakˀsɛŋ ハクセん]	学生. 生徒. 大学院生, 予備校生から小学生まで広く使われる
대학원생	<大學院生>[tɛː(h)agwɔnsɛŋ テーハグォンセん]	大学院生
대학생	<大學生>[tɛː(h)akˀsɛŋ テーハクセん]	大学生
고등학생	<高等學生>[kodɯŋ(h)akˀsɛŋ コドゥんハクセん] 고교생<高校生>とは普通言わない	高校生
중학생	<中學生>[tʃuŋ(h)akˀsɛŋ チュんハクセん]	中学生
초등 학생	<初等學生>[tʃʰodɯŋ(h)akˀsɛŋ チョドゥんハクセん]	小学生

●姉, 弟, 妹を表す単語

언니	[ɔnni オンニ]	(妹から見た) 姉. お姉さん. 先輩や年上の女性に対しても女性が用いうる
누나	[nuːna ヌーナ]	(弟から見た) 姉. お姉さん. 先輩や年上の女性に対しても男性が用いうる
동생	<同生>[toŋsɛŋ トんセん]	妹. 弟
남동생	<男同生>[namdoŋsɛŋ ナムドんセん]	弟
여동생	<女同生>[jɔdoŋsɛŋ ヨドんセん]	妹

文法と表現

● −는/−은 …は

−는 [nɯn]	…は	母音語幹につく	회사는　会社**は**
−은 [ɯn]		子音語幹につく	대학생은　大学生**は**

　語尾（助詞）−는/−은は，日本語の「…は」とほぼ同じです．
　子音で終わる語幹との結合では，終声の初声化を起こします：

밥은	ごはんは	이것은	これは	대학은	大学は
이름은	名前は	돈은	お金は	사랑은	愛は
말은	ことばは	앞은	前は	꽃은	花は
밖은	外は	낮은	昼は	값은	値段は

● −요?/−이요? …ですか？ …のことですか？ …ですって？
　［丁寧化語尾］

…ですか …のことですか	−요? [jo]	母音で終わる単語や子音ㄴ，ㅁ，ㄹで終わる語尾などに	例：회사**요**？ 　　会社**ですか**？
	−이요? [ijo]	上記以外のとき	例：집**이요**？ 　　家**ですか**？

　「では会社はどちらですか」のように文を最後まで言うのではなく，「では，会社は？」のように，**文の途中で区切って終わらせるときにこの−요/−이요**

を用います．これを用いず，目上の人や初対面の人に「회사는?」だけではぶっきらぼうで，失礼になってしまいます．

　また，「동생은　고등학생이에요．」（妹は高校生です．）と言われて，「네?　고등학생이요?」（え？高校生ですか？）のように，相手の言ったことを**聞き返すとき**にもこの語尾を使います．これらは指定詞ではなくて語尾ですので，합니다体でも해요体でも形が変わることはありません．

7課のぷちアップ

●専攻を尋ねる

| 01 | 지은 | 전공은 중국어세요? |
| 02 | 민아 | 아뇨, 일본어에요. |

> 01 [チウン]　専攻は中国語でいらっしゃいますか．
> 02 [ミナ]　　いいえ，日本語です．

●コーヒーを入れながら

| 03 | 석우 | 민아 씨는 블랙이세요? |
| 04 | 민아 | 네. |

> 03 [ソグ]　　ミナさんはブラックですか．
> 04 [ミナ]　　ええ．

●単語

전공	<專攻>[tʃoŋgoŋ　チョンゴん]　専攻
중국어	<中國語>[tʃuŋgugɔ　チュングゴ]　中国語
일본어	<日本語>[ilbonɔ　イルボノ]　日本語
블랙	[pɯllɛᵏ　プルレㄱ]　（コーヒーの）ブラック．-ㄹㄹ-は[lr]ではなく[ll]と発音する

7課のぷちチャレ

● 次の各文を韓国語に訳しなさい.

1) 弟さんは学生ですか.
2) ソグさん, コーヒー(커피)はブラックでいらっしゃいますか.
3) 家は大阪(오사카)でいらっしゃいますか.
   － 家ですか. ええ, 家は大阪です.
4) お姉さんは？ お姉さんは大学生でいらっしゃいますか.
   － 姉ですか. 姉は会社員です.

제 8 과 ● 私はパク・スミンと申します

体言＋です(2). 体言＋と申します

-입니다/-입니까?　-(이)라고 합니다
指定詞-이-の脱落. 曜日

会話1

●パク・スミンさんと武田光一さんが互いに自己紹介をする　34

01	수민	안녕하세요?
02		저는 박수민이라고 합니다.
03	다케다	안녕하세요?
04		다케다입니다.
05	수민	다케다 씨는 일본사람이세요?
06	다케다	네, 일본사람입니다.

01 [スミン]　こんにちは.
02　　　　　　私は, パク・スミンと申します.
03 [武田]　　こんにちは.
04　　　　　　武田です.
05 [スミン]　武田さんは日本人でいらっしゃいますか.
06 [武田]　　はい, 日本人です.

● 単語

저	[tʃɔ チョ] 私(わたくし). 謙譲語. 非謙譲語の「わたし」,「ぼく」,「おれ」は나 [na ナ]
합니다	[hamnida ハムニダ] (-이라고/-라고 …と)申します. 言います.「文法と表現」を参照
일본사람	<日本->[ilbon?saram イルボンサラム] 日本人. 尊敬形は 일본 분 [ilbon?pun イルボンプン](日本のかた)

会話2

● 大学で服部さんがソグさんに尋ねる

01	핫토리	한국어 수업은 무슨 요일입니까?
02	석우	목요일이에요.
03	핫토리	네? 그럼 내일이에요?
04	석우	네, 내일입니다.

일 월 화 수 목 금 토
1 2 3 4 5 6 7
한국어   한국어

```
01 [服部]   韓国語の授業は何曜日ですか.
02 [ソグ]   木曜日です.
03 [服部]   え? じゃあ, 明日ですか.
04 [ソグ]   はい, 明日です.
```

●単語

한국어	<韓國語>[haːnguɡɔ ハーングゴ] 韓国語
수업	<授業>[suɔᵖ スオㇷ゚] 授業
무슨	[musɯn ムスン] [冠形詞] 何の. 後ろに必ず体言を伴う
요일	<曜日>[joil ヨイル] 曜日
목요일	<木曜日>[mogjoil モギョイル] 木曜日
그럼	[kɯrɔm クロム] [接続詞] では. じゃあ. [間投詞] もちろん
내일	<來日>[nɛil ネイル] 明日

●曜日名

일요일	<日曜日>[irjoil イリョイル] 日曜日
월요일	<月曜日>[wɔrjoil ウォリョイル] 月曜日
화요일	<火曜日>[hwajoil ファヨイル] 火曜日
수요일	<水曜日>[sujoil スヨイル] 水曜日
목요일	<木曜日>[mogjoil モギョイル] 木曜日
금요일	<金曜日>[kɯmjoil クミョイル] 金曜日
토요일	<土曜日>[tʰojoil トヨイル] 土曜日
무슨 요일	<-曜日>[musɯnnjoil 무슨ㄴ일 ムスンニョイル] 何曜日. →224頁:[n]の挿入

●先週, 今週, 来週

지난주	<-週>[tʃinandʒu チナンジュ] 先週
저번주	<-番週>[tʃɔbɔnˀtʃu チョボンチュ] 先週 →219頁:合成語における濃音化
이번주	<-番週>[ibɔnˀtʃu イボンチュ] 今週 →219頁:合成語における濃音化
다음주	<-週>[taɯmˀtʃu タウムチュ] 来週 →219頁:合成語における濃音化

●昨日, 今日, 明日, あさって

어제	[ɔdʒe オジェ] 昨日
오늘	[onɯl オヌル] 今日
내일	<來日>[nɛil ネイル] 明日
모레	[more モレ] あさって

文法と表現

● -입니다/-입니까 …です/…ですか

　第6課で学んだように，指定詞-이다[ida]の해요[ヘヨ]体は-(이)에요でしたが，합니다[ハㇺニダ]体は，平叙形は-입니다，疑問形は-입니까となります．体言につけて「…です」，「…ですか」を表します：

辞書形: -이다 [ida] …である	-입니다 [imnida]	…です	합니다体 平叙形
	-입니까 [imni²ka]	…ですか	합니다体 疑問形

発音に注意：→45頁，220頁：口音の鼻音化

-입니다　[iᵖnida イㇷ゚ニダ] → [imnida イㇺニダ]
-입니까　[iᵖni²ka イㇷ゚ニッカ] → [imni²ka イㇺニッカ]

指定詞の-이다は，分かち書きせずに，必ず体言につけて書きます：

　○　일본사람입니다
　×　일본사람　입니다

저는 일본사람입니다.	私は日本人です．
한국어 수업은 내일입니다.	韓国語の授業は明日です．
내일은 목요일입니까?	明日は木曜日ですか．
내일은 무슨 요일입니까?	明日は何曜日ですか．

● 指定詞−입니다/−입니까における−이−[i]の脱落

指定詞−이다の−이−[i]は，母音語幹の体言につく場合には，話しことばでは普通は脱落し，発音されません：

> 다케다입니다　　[takʰedaimnida タケダイムニダ]
> 武田です
> 　　　　↓
> 다케답니다　　　[takʰedamnida タケダムニダ]

● −라고/−이라고 합니다
　　　　　　　　…と申します．…といいます［体言の引用］

「武田と申します」や「本といいます」のように，「…という」という形で体言を引用するには，「−라고/−이라고 합니다」という形が使われます：

> 　　　　　　　…と申します．　…といいます
> 母音語幹には　−라고　　　→　다케다라고 합니다
> 子音語幹には　−이라고　　　　박수민이라고 합니다

　　저는 박수민이라고 합니다.
　　　　　　　私はパク・スミンと申します．
　　저는 다케다 고이치라고 합니다.
　　　　　　　私は武田光一と申します．
　　'도이레'는 '화장실'이라고 합니다.
　　　　　　　「トイレ」は「ファジャンシル」といいます．

8課のぷちアップ

● 留学生のパーティーでチュノさんが本田さんに

01	준호	혜영 씨는 제 여자 친굽니다.
02	혼다	네? 정말이에요?
03	준호	아이, 농담이에요.
04		사실은 그냥 동아리 후배에요.

```
01 [チュノ]   ヘヨンさんは私の彼女です.
02 [本田]    え? 本当ですか.
03 [チュノ]   いや, 冗談ですよ.
04         実はただのサークルの後輩です.
```

● 単語

제	[tʃe チェ] [代名詞] 私(わたくし)の. 謙譲語. 非謙譲語の「わたしの」,「ぼくの」は내 [nɛ ネ]
여자	<女子>[jɔdʑa ヨジャ] 女. 「男」は「남자」
여자 친구	<女子親舊>[jɔdʑa tʃʰingu ヨジャチング] 彼女. 女性の友人.「彼氏」,「男性の友人」は「남자 친구」
정말	<正->[tʃɔːŋmal チョーンマル] [名詞] [副詞] 本当. 本当に
아이	[ai アイ] [間投詞] いや
농담	<弄談>[noːŋdam ノーンダム] 冗談
사실은	<事實->[saʃirɯn サシルン] 実は.「사실」は「事実」
동아리	[toŋari トンアリ] サークル. 同好会. 部活
그냥	[kɯnjaŋ クニャん] [副詞] ただの
후배	<後輩>[hubɛ フベ] 後輩.「先輩」は선배 [sɔnbɛ ソンベ]

8課のぷちチャレ

● 次の各文を訳しなさい.

1) 韓国語の授業は何曜日ですか.
2) 来週の火曜日はチュノさんの誕生日(생일)です.
3) 私は本田明子と申します.
4) では, サークルの先輩でいらっしゃいますか.
　　　－ はい, サークルの先輩です.
5) 武田さんは, 鈴木さんの友達ですか.
　　　－ ええ, 高校の友達です.

제 9 과 ● ホテルはどこですか

> …が. 場所を尋ねる. こそあど(1)

-가/-이. 이. 그. 저. 어느

会話1

●本田さんが道を尋ねる　37

01	혼다	죄송한데요, 신라호텔이 어디에요?
02	아저씨	바로 이 건물이 신라호텔입니다.
03	혼다	아, 네, 고맙습니다.

01 [本田]　　すみませんが, 新羅ホテルはどこですか.
02 [おじさん]　ちょうどこの建物が新羅ホテルです.
03 [本田]　　どうも, ありがとうございます.

● 単語

아저씨	[adʒɔʔʃi アジョッシ] おじさん
죄송한데요	<罪悚-> [tʃweːsoŋ(h)andejo チェーソンハンデヨ] すみませんが. 前置き表現として用いる
신라	<新羅> [ʃilla 실라 シルラ] 新羅(しんら, しらぎ). 古代の国名. -ㄴㄹ-の発音は[ㄹㄹ ll]となる
호텔	[hotʰel ホテル] ホテル
신라호텔	<新羅-> [ʃilla(h)otʰel シルラホテル] 新羅ホテル
어디	[ɔdi オディ] [代名詞] どこ. 間投詞としても用いる.「どれ」
바로	[paro パロ] [副詞] ちょうど. まさに
이	[i イ] [冠形詞] この
건물	<建物> [kɔːnmul コーンムル] 建物
아	[a ア] [間投詞] あ
고맙습니다	[koːmapʔsɯmnida コーマプスムニダ] ありがとうございます

会話2

● ホテルで本田さんがフロントを尋ねる

01	혼다	이 호텔, 프런트가 어딥니까?
02	안내원	프런트요?
03		저기가 프런트입니다.

01 [本田]　このホテル, フロントはどこですか.
02 [ガイド]　フロントですか.
03　　　　　あそこがフロントです.

● 単語

프런트	[pʰɯrʌntʰɯ プロントゥ] フロント. 外来語の[f]音は韓国語ではㅍ[pʰ]で写す
안내원	<案内員>[aːnnɛwʌn アーンネウォン] ガイド. 案内係
저기	[tʃɔgi チョギ] (遠くに見える場所をさして)あそこ

会話3

●このあいだのあの病院が 39

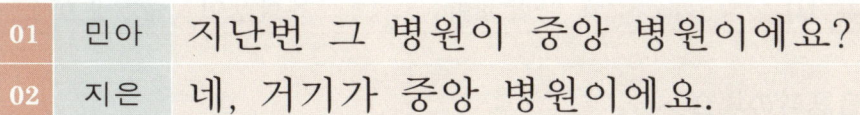

01	민아	지난번 그 병원이 중앙 병원이에요?
02	지은	네, 거기가 중앙 병원이에요.

01 [ミナ]　このあいだのあの病院が中央病院ですか.
02 [チウン]　はい, あそこが中央病院です.

● 単語

지난번	<-番>[tʃinanbʌn チナンボン] このあいだ
그	[kɯ ク] [冠形詞] その. (話の現場にないものをさして)あの
병원	<病院>[pjɔːŋwʌn ピョーンウォン] 病院
중앙	<中央>[tʃuŋaŋ チュンアん] 中央
거기	[kɔgi コギ] そこ. (話の現場にない場所をさして)あそこ

文法と表現

● -가/-이 …が [主格]

語尾(助詞)-가/-이は日本語の「…が」にほぼ相当します. -이は子音語幹につくときは, 終声の初声化を起こします:

-가 [ga]	…が	母音語幹につく	한국어가　韓国語が
-이 [i]		子音語幹につく	유학생이　留学生が

＜母音語幹の場合＞

회사가　会社が　　　친구가　友達が　　　선배가　先輩が
이유가　理由が　　　애가　子供が　　　　컴퓨터가　コンピュータが

＜子音語幹の場合＞

밥이　ごはんが　　　이것이　これが　　　대학이　大学が
이름이　名前が　　　돈이　お金が　　　　사랑이　愛が
말이　ことばが　　　앞이　前が　　　　　꽃이　花が
밖이　外が　　　　　낮이　昼が　　　　　값이　値段が

-가/-이は日本語の「…が」にほぼ相当しますが,「ホテル**は**　どこですか」「호텔**이** 어디에요?」のように,「どこ」のような**疑問詞と共に用いる場合**, -가/-이は日本語の「…は」にあたります.

● 이 この，그 その，저 あの，어느 どの ［こそあどの冠形詞］

　이, 그, 저は日本語の「この」,「その」,「あの」にあたるものです. 必ず後ろに体言を伴って用いられます. 日本語の「こそあど」とよく似ていますが,「この間のあの病院」のように, 話の現場にないものをさして「あの」というときは,「その」にあたる그を用いる点が異なります：

この	이	日本語の「この」とほぼ同じ
その	그	発話の現場にないもの,
あの		話し手と聞き手が互いに了解しているもの
	저	視覚的に遠くにあるもの
どの	어느	日本語の「どの」とほぼ同じ

이 사전
この 辞典

그 신문
その 新聞
あの 新聞（＝例の新聞）

어느 책
どの 本

저 컵
（遠くにある）
あの コップ

77

● 여기 ここ. 거기 そこ. 저기 あそこ. 어디 どこ
　　　　　　　　　　　[こそあどの場所の指示代名詞]

使い方の要領は이, 그, 저と同じです.「この間のあそこ, よかったよね」などというときのように, **話の現場にない「あそこ」**については, 저기ではなくて거기(そこ)を用いる点が, やはり日本語と異なります：

ここ	여기	日本語の「ここ」とほぼ同じ
そこ	거기	発話の現場にない場所, 話し手と聞き手が互いに了解している場所
あそこ		
	저기	視覚的に遠くにある場所
どこ	어디	日本語の「どこ」とほぼ同じ

9課のぷちアップ

●道で

01	핫토리	지하철 역이 어디에요?
02	석우	저기가 지하철 역입니다.

> 01 [服部]　　地下鉄の駅はどこですか.
> 02 [ソグ]　　あそこが駅です.

●ミナさんの家でチウンが面白そうな本を見つける

03	지은	이 책, 민아 씨 책이에요?
04	민아	아뇨, 그 책은 오빠 책이에요.

> 03 [チウン]　この本, ミナさんの本ですか.
> 04 [ミナ]　　いいえ, その本は兄の本です.

●単語

지하철	<地下鐵> [tʃi(h)atʃʰɔl チハチョル] 地下鉄
전철	<電鐵> [tʃɔntʃʰɔl チョンチョル] 電車
역	<驛> [jo^k ヨㇰ] 駅. 日本語でいう「駅」は, 普通,「전철 역」[전철력 チョンチョルリョク]あるいは「지하철 역」[지하철력 チハチョルリョク]という →224頁.[n]の挿入. 222頁. 流音化
책	<冊> [tʃʰɛ^k チェㇰ] 本
오빠	[oʔpa オッパ] (妹から見た) お兄さん

● 兄, 姉　　妹は➡50, 60 頁, 弟は➡60 頁

형	<兄>[hjɔŋ　ヒョん]（弟から見た）お兄さん
오빠	[oʔpa　オッパ]（妹から見た）お兄さん
누나	[nuːna　ヌーナ]（弟から見た）お姉さん
언니	[ɔnni　オンニ]（妹から見た）お姉さん

9課のぷちチャレ

● 次の各文を訳しなさい．

1) ここがチウンさんの学校ですか．
2) 図書館(도서관)はどこですか．
   ー あそこが図書館です．
3) このあいだのあのコンピュータがチウンさんのコンピュータですか．
   ー いいえ，姉のコンピュータです．
4) どの本がソグさんの本ですか．
   ー そこのその本がソグさんの本ですよ．
5) どの建物がソンデさんの会社ですか．
   ー あの建物です．

1) **네.** [ネ] はい
2) **예.** [イェ] はい
3) **에.** [エ] ええ
4) **아.** [ア] あ
5) **어.** [オ] お
6) **응.** [ウン] うん
7) **정말이요?** [チョンマリヨ] 本当ですか
8) **진짜요?** [チンチャヨ] 本当ですか
9) **그래요?** [クレヨ] そうですか
10) **맞아요.** [マジャヨ] そうですね

あいづち表現

ぷち表現

제 10 과 ● それは金先生のではありません

否定の指定詞. こそあど(2)

(-이/-가) 아닙니다/아니에요. -하고. 이것. 이게

会話1

〈합니다체で改まって〉

●研究室でソグさんが金先生のコンピュータを探している [その1]

01	석우	이 컴퓨터는 누구 것입니까?
02		김 선생님 것입니까?
03	지은	아뇨, 그것은 김 선생님 것이 아닙니다.
04		제 컴퓨터입니다.
05	석우	그럼 김 선생님 것은 어느 것입니까?
06	지은	이것하고 저것이 김 선생님 것입니다.

01 [ソグ]　このパソコン, 誰のですか.
02　　　　金先生のですか.
03 [チウン]　いや, それは金先生のではありません.
04　　　　私のパソコンです.
05 [ソグ]　じゃ, 金先生のはどれですか.
06 [チウン]　これとあれが金先生のですよ.

● 単語

컴퓨터	[kʰɔmpʰjutʰɔ コムピュト] コンピュータ
누구	[nugu ヌグ] 誰. 「誰が」は누가という
것	[kɔᵗ コッ] [不完全名詞] もの. 「(誰々の)もの」というときは [ʔkɔᵗ コッ] と濃音で発音する
제	[tʃe チェ] わたくしの. 「わたしの」は내.
아닙니다	[animnida アニムニダ] [指定詞] (-이/-가 …では) ありません. 「文法と表現」参照
어느	[ɔnɯ オヌ] どの

● これ, それ, あれ, どれ

이것	[igɔᵗ イゴッ] これ
그것	[kɯgɔᵗ クゴッ] それ. (話の現場にない) あれ
저것	[tʃɔgɔᵗ チョゴッ] (遠くにあるものを指して) あれ
어느 것	[ɔnɯgɔᵗ オヌゴッ] どれ

● 疑問詞

언제	[ɔːndʒe オーンジェ] いつ
어디	[ɔdi オディ] どこ
누구	[nugu ヌグ] 誰. 「誰が」は누가という
무엇	[muɔᵗ ムォッ] 何. 話しことばでは短縮形뭐をよく用いる
어느	[ɔnɯ オヌ] どの

会話2

〈해요体で丁寧に, かつ親しみを持って〉

●研究室でソグさんが金先生のコンピュータを探している [その2]

01	석우	이 컴퓨터 누구 거에요?
02		김 선생님 거에요?
03	지은	아뇨, 그건 김 선생님 게 아니에요.
04		제 컴퓨터에요.
05	석우	그럼 김 선생님 건 어느 거에요?
06	지은	이거하고 저게 김 선생님 거에요.

```
01 [ソグ]   このパソコン, 誰のですか.
02         金先生のですか.
03 [チウン]  いいえ, それは金先生のじゃないですよ.
04         私のパソコンです.
05 [ソグ]   じゃ, 金先生のはどれですか.
06 [チウン]  これとあれが金先生のですよ.
```

●単語

거	[kɔ コ] [不完全名詞] もの. 話しことばで用いる. 書きことばでは것.「(誰々の)もの」と言うときは[ʔkɔ コ] と濃音で発音する
그건	[kɯgən クゴン] それは. 그것은の話しことば形
게	[ke ケ] [不完全名詞] ものが. 것이の話しことば形
이거	[igɔ イゴ] これ. 이것の話しことば形
저게	[tʃɔge チョゲ] あれが. 저것이の話しことば形

文法と表現

● …ではありません． …ではありませんか？［指定詞の否定］

指定詞の否定には指定詞아니다[anida]を用い，「-가/-이 아니다」という形で「…ではありません」を表します．話しことばでは-가/-이を落とすこともしばしばあります：

「(体言＋)…ではありません」			
	합니다体	해요体	例
母音語幹につく	-가 아닙니다	-가 아니에요	교과서가 아니에요
子音語幹につく	-이 아닙니다	-이 아니에요	도서관이 아니에요

　　　　제 컴퓨터가 아닙니다.
　　　　　　　　私のコンピュータではありません．
　　　　제 책이 아니에요.
　　　　　　　　私の本ではありません．
　　　　제 게 아니에요.
　　　　　　　　私のじゃないですよ．

아니다の疑問形は"아닙니까?"，"아니에요?"です．また，「…ではなくて」は「-가/-이 아니라」で表します．

　　　　제 책이 아니라 선생님 책이에요.
　　　　　　　　私の本ではなくて，先生の本です．

● –하고 …と

　–하고[hago]は2つ以上の体言を並列させ、「AとB」と言うときの「…と」にあたる語尾（助詞）です。前に来る音によって[h]の発音が変化します：

언니하고 누나	[ɔnni(h)ago nu:na]	ㅎの弱化
〈妹からみた〉姉さんと〈弟からみた〉姉さん		
시간하고 돈	[ʃigan(h)ago to:n]	ㅎの弱化
時間とお金		
호텔하고 커피숍	[hotʰer(h)ago kʰɔ:pʰiʃɔp]	ㅎの弱化
ホテルと喫茶店		
커피숍하고 호텔	[kʰɔ:pʰiʃɔpʰago hotʰel]	ㅎによる激音化
喫茶店とホテル		

　上のように、ㅎで始まる語尾なので、終声のㄴやㄹにつくとㅎが弱化したり、口音の終声[ᵖ]、[ᵗ]、[ᵏ]につくと激音化します→222頁：激音化

　また、「…と」の意味では、–와[wa]/–과[gwa]という語尾（助詞）もあります。こちらは書きことばの文体で用います：

母音語幹につくとき	**–와**	언니와 누나
子音語幹につくとき	**–과**	시간과 돈

● 「こそあど」類や不完全名詞것(もの)と語尾(助詞)との短縮形

이것(これ)などの「こそあど」を表す単語は，語尾(助詞)と結合した短縮形が話しことばで多く用いられます。「もの」の意の不完全名詞것も同様に短縮形が用いられます。文章を書くときは書きことば形を用います：

		…は		…が	
書きことば形	話しことば形	書きことば形	話しことば形	書きことば形	話しことば形
이것	이거	이것은	이건	이것이	이게
그것	그거	그것은	그건	그것이	그게
저것	저거	저것은	저건	저것이	저게
어느 것	어느 거	어느 것은	어느 건	어느 것이	어느 게
것	거	것은	건	것이	게

그건 제 게 아니에요.
　　　　　　それは私のじゃありませんよ.
어느 게 선생님 거에요?
　　　　　どれが先生のですか.

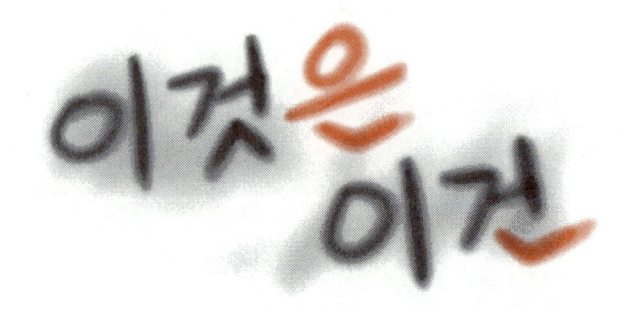

이것은
이건

１０課のぷちアップ

●名刺を交換しながら

01	성대	수민 씨, 이게 제 이메일 주솝니다.
02	수민	네, 고맙습니다.
03		이건 제 이메일하고 전화번호에요.

> 01 [ソンデ] スミンさん，これが私のメールアドレスです．
> 02 [スミン] はい，ありがとうございます．
> 03 これは私のメール（アドレス）と電話番号です．

●これはのり巻き？

04	혼다	이거 일본의 노리마키 아니에요?
05	민아	이건 일본의 노리마키가 아니에요.
06		한국의 김밥이에요.

> 04 [本田] これ，日本ののり巻きじゃないですか．
> 05 [ミナ] これは日本ののり巻きではありませんよ．
> 06 韓国のキムパプです．

●単語

이게	[ige イゲ] これが. 이것이の話しことば形	
이메일	[imeil イメイル] E・メール. 単に메일ともいう	
주소	<住所>[tʃuso チュソ] 住所	
이메일 주소	<-住所>[imeilʔtʃuso イメイルチュソ] メールアドレス	
전화	<電話>[tʃɔ:n(h)wa チョーナ] 電話	
번호	<番號>[pɔn(h)o ポノ] 番号	
전화번호	<電話番號>[tʃɔ:n(h)wabɔn(h)o チョーナボノ] 電話番号	
이거	[igɔ イゴ] これ. 이것の話しことば形	
일본	<日本>[ilbon イルボン] 日本	
노리마키	[norimakʰi ノリマキ] のり巻き	
이건	[igɔn イゴン] これは. 이것은の話しことば形	
한국	<韓國>[ha:nguᵏ ハーングク] 韓国. 朝鮮	
김밥	[ki:mʔpaᵖ キームパプ] キムパプ. 韓国式ののり巻き	

１０課のぷちチャレ

● 次の各文を訳しなさい.

1) それとこれは友達のかばんです.
2) それが先生のホームページ(홈페이지)ですか.
3) この辞典(사전)は誰のですか.
　　　　－ チウンさんのです.
4) これは今日の新聞(신문)ですか.
　　　　－ それは今日の新聞ではありません.
5) これがソンデさんの電話番号ですか.
　　　　－ いいえ, それは私の電話番号じゃありませんよ.
6) どれがお姉さんのコップ(컵)ですか.
　　　　－ あれが姉さんのコップです.
7) これ, 先輩の本ですか.
　　　　－ いいえ, それ, 先生の本じゃないですか.

제11과 ● 用言の活用

用言．用言の活用（1）

●1 用言とは

韓国語の用言は次の4つの品詞があります．用言はこれら4つの品詞のどれかに属し，用言の辞書に載る形は，全て-다という形で終わっています：

品詞	辞書形		
動詞	받다	[paᵗˀta パッタ]	受け取る
形容詞	작다	[tʃakˀta チャクタ]	小さい
存在詞	있다	[iᵗˀta イッタ]	ある，いる
指定詞	-이다	[ida イダ]	…である

用言の辞書に載る形を**辞書形**，あるいは**基本形**と呼びます．そして，用言の辞書形から-다をとった部分が，받-다(受け取る)のように子音で終わっているものを**子音語幹**の用言，보-다の(見る)ように母音で終わっているものを**母音語幹**の用言と言います．

●2 用言は＜語基+語尾＞という形で使う

用言が実際に用いられるときには，基本的に＜単語の本体＋後続部分＞という形で現れます．例えば，받아요(受け取ります)ならば，「받아(受け取り)＋요(ます)」のように分けることができます：

語基（単語の本体）	語尾（後ろにつく部分）
받아（受け取り）	요（ます）

　実際には，辞書形の語尾-다の代わりに様々な他の語尾をつけて用います．基本的に，どの単語につくときでも**語尾そのものの形は変わりません**．

●3　語基

　すべての用言はそれぞれ3つの語基を持っています．例えば，用言받다（受け取る）は，받-，받으-，받아-という3つの形の語基を持っています．それぞれを**第Ⅰ語基**，**第Ⅱ語基**，**第Ⅲ語基**と呼び，またⅠ，Ⅱ，Ⅲのように略して表記します．どんな用言であれ，**語基は3つの形にしか変化しません**．用言が3つの語基に姿を変えることを**活用**といいます：

받다の活用

辞書形	받다	[paťta　パッタ]
第Ⅰ語基	받-	[paᵗ　パッ]
第Ⅱ語基	받으-	[padɯ　パドゥ]
第Ⅲ語基	받아-	[pada　パダ]

　3つの語基は，後ろにどのような語尾が来るかによって使い分けます．例えば，-요（…ます）という語尾は「받아+요」のように，常に第Ⅲ語基につきます．このように，**全ての語尾は第何語基につくかが決まっています**．日本語で，「-ます」という語尾は「書き」という語基について「書き-ます」となり，「-ば」という語尾は「書け」という語基について「書け-ば」となる，というようなも

のだと考えればよいでしょう. なお, たとえば第Ⅲ語基に-요がついた形を, Ⅲ-요のように表します.

● 4　3つの語基の作り方

3つの語基は, 一部の用言を除き, 辞書形から規則的に導き出すことができます:

用言の3つの語基の作り方

辞書形		받다 (受け取る)	먹다 (食べる)	보다 (見る)	주다 (与える)
		子音語幹		母音語幹	
第Ⅰ語基	辞書形から-다を除いた形＝語幹	받-	먹-	보-	주-
第Ⅱ語基	子音語幹には第Ⅰ語基に-으をつけ, 母音語幹なら何もつけない形	받으-	먹으-	보-	주-
第Ⅲ語基 語幹の最後の母音に従って第Ⅰ語基に-아または-어をつけた形	ㅏ[a]またはㅗ[o]なら, -아[a](陽母音)をつける	받아-		보아- /*봐-	
	ㅏ[a], ㅗ[o]以外なら, -어[ɔ](陰母音)をつける		먹어-		주어- /*줘-

*は話しことばで使われる形.

第Ⅲ語基は語幹の最後の母音が陽母音であるㅏ[a]またはㅗ[o]なら, うしろに陽母音の-아[a]をつけ, ㅏ[a]またはㅗ[o]以外ならすべて陰母音の-어[ɔ]をつけます. これを**母音調和**と呼びます.

母音語幹は第Ⅰ語基と第Ⅱ語基が結果的に常に同じになります.

●5 語幹がㅏ，あるいはㅓ，ㅕで終わる母音語幹の用言

　たとえば가다(行く)なら，第Ⅲ語基を作る際に，語幹の母音は陽母音ㅏ[a]ですから，後ろにやはり陽母音の아をつけ，가+아となるところですが，ㅏ + ㅏ といったぐあいに同じ母音が直接重なるものは，必ず母音を1つ落とさねばなりません：

辞書形	語幹				第Ⅲ語基
가다	가-	+	-아-	→	가-
서다	서-	+	-어-	→	서-
켜다	켜-	+	-어-	→	켜-

　したがって第Ⅲ語基は가아ではなくて，가となり，結果として，第Ⅰ語基から第Ⅲ語基までそれぞれ，Ⅰ가-，Ⅱ가-，Ⅲ가-と，みな同じ形になります．このように，母音語幹の用言のうち，**語幹がㅏかㅓ，ㅕで終わる用言は，第Ⅰ語基から第Ⅲ語基まで同じ形になります**．3つの語基が見かけ上は結果として全く形が変化しないことになるわけです：

語幹が母音ㅏ，あるいはㅓ，ㅕで終わる用言の活用

	Ⅰ	Ⅱ	Ⅲ
가다 (行く)		가-	
사다 (買う)		사-	
만나다 (会う)		만나-	
서다 (立つ)		서-	
켜다 (〈灯りを〉つける)		켜-	

●6 用言하다(する)の活用

　母音語幹の用言である**하다**は，第Ⅰ語基と第Ⅱ語基が同じになりますが，第Ⅲ語基が少し異なった形になります：

用言하다の活用

	Ⅰ	Ⅱ	Ⅲ
하다 (する)	하 –		해–/*하여–

*하여–は非常にかたい書きことばでだけ用いる形．

１１課のぷちチャレ

● 例にならって，次の用言の辞書形から各々3つの語基を作り，語尾Ⅰ－지요?(…するでしょう？)，Ⅱ－면(…すれば)，Ⅲ－요(…します)をつけた形を作ってみましょう．

例：받다（受け取る）

Ⅰ－지요?(…するでしょう？)　　Ⅱ－면(…すれば)　　Ⅲ－요(…します)

받－　　　　　　　　　　받으－　　　　　　　　받아－
받지요?　　　　　　　　**받으면**　　　　　　　**받아요**
（受け取るでしょう？）　　（受け取れば）　　　　（受け取ります）

1) 잡다（つかむ）　　　　2) 묵다（泊まる）
3) 높다（高い）　　　　　4) 많다（多い）
5) 깊다（深い）　　　　　6) 맞다（合っている）
7) 만나다（会う）　　　　8) 사다（買う）
9) 타다（乗る）　　　　　10) 일어나다（起きる）
11) 싸다（安い）　　　　 12) 비싸다（〈値段が〉高い）
13) 두다（置く）　　　　 14) 적다（少ない）
15) 하다（する）

제 **12** 과 ● 携帯カメラしかありません

> 存在詞. 子音語幹の用言の합니다体と해요体. 婉曲法
> 位置と方向の名詞. …も. …しか. …に

> 있다. 없다. 子音語幹の用言＋Ⅰ-습니다. Ⅰ-습니까? Ⅲ-요
> Ⅰ-는데요/Ⅱ-ㄴ데요. -도. -에. -밖에. -에

会話 1

●駅で電車の時刻表を写真に撮ろうとして

01	혼다	지은 씨, 지금 카메라 있습니까?
02	지은	지금은 핸드폰 카메라밖에 없는데요.
03	혼다	아, 그것도 괜찮습니다.
04	지은	여기요.
05	혼다	야, 이거 아주 좋은데요.

```
01 [本田]    チウンさん, 今カメラありますか.
02 [チウン]  今は携帯カメラしかありませんけど.
03 [本田]    あ, それでもいいですよ.
04 [チウン]  どうぞ.
05 [本田]    お, これ, とてもいいですね.
```

●単語

지금	<只今>[tʃigɯm] [副詞] 今
카메라	[kʰamera] カメラ
있습니까	[iʔsumniʔka] ありますか. 辞書形は있다(いる. ある). 있다の I -습니까
핸드폰	[hɛndɯpʰon] 携帯電話. 휴대폰<携帯->ともいう. 핸드は hand, 폰は phone
핸드폰 카메라	[hɛndɯpʰonkʰamera] 携帯カメラ. カメラ付き携帯は카메라 폰ともいう
없는데요	[ɔːmnɯndejo] ないんですが. 없다(ない)の I -는데요
괜찮습니다	[kwɛntʃʰanʔsumnida] 構いません. 괜찮다(構わない)の I -습니다
여기요	[jɔgijo] どうぞ. ここです
야	[ja] [間投詞] わあ. いや. 驚きを表わす
아주	[adʒu] [副詞] とても
좋은데요	[tʃoːɯndejo] いいですね. いいですが. 좋다(良い)の II -ㄴ데요

会話2

●事務室で

01	민아	보아 시디, 그 책상 위에 있어요?
02		이 책상 위에는 없는데요.
03	석우	아, 여기 팩스 앞에 있어요.
04		이거 좋아요?
05	민아	네, 괜찮아요.

01 [ミナ] BoAのCD, その机の上にありますか.
02 [ソグ] この机の上にはありませんけど.
03 あ, ここのファックスの前にありますよ.
04 これ, (歌は)いいですか.
05 [ミナ] ええ, 悪くないですよ.

●単語

보아	[poa] BoA (ボア). 歌手の名
시디	[ˀʃidi] [ʃidi] CD. 通常は시を씨[ˀʃi]と濃音で発音する
책상	<冊床>[tʃʰɛkˀsaŋ] 机
위	[wi] 上.　★共和国では우
있어요	[iˀsɔjo] ありますか. 있다(いる. ある)のⅢ-요
없는데요	[ɔːmnɯndejo] ないんですが. 없다(ない)のⅠ-는데요
팩스	[pʰɛkˀsɯ] ファックス
앞	[aᵖ] 前
있어요	[iˀsɔjo] あります. 있다(いる. ある)のⅢ-요
좋아요	[tʃoːajo] いいです. 좋다(良い)のⅢ-요
괜찮아요	[kwɛntʃʰanajo] なかなかいいですよ. 構いません. 괜찮다(構わない)のⅢ-요

文法と表現

● 있다 아루. 이루. 없다 나이. 이나이. [存在詞]

「ある」と「いる」は区別なく，存在詞있다で表します．同様に「ない」と「いない」も区別なしに存在詞없다で表します：

存在詞の活用

	I	II	III
있다 (ある. いる)	있-	있으-	있어-
없다 (ない. いない)	없-	없으-	없어-

사전은 저기 있어요.　　　辞書はあそこにあります．
지금은 핸드폰이 없어요.　　今はケータイがありません．
지은 씨는 여기 있습니다.　　チウンさんはここにいます．
지은 씨는 지금 없습니다.　　チウンさんは今いません．

있어요 없어요

● Ⅰ-습니다 …します. [平叙] Ⅰ-습니까 …しますか. [疑問]

　Ⅰ-습니다, Ⅰ-습니까は子音語幹の用言について,「…します」「…しますか」と文を終える終止形語尾です. 本文の会話では있다(ある)の第Ⅰ語基있-について, 있습니까という形で用いられています:

> 平叙形「…します」　　　Ⅰ-습니다.
> 疑問形「…しますか」　　Ⅰ-습니까?

책은 저기 있습니다.　　　　本はあそこにあります.
그 카메라도 괜찮습니다.　　そのカメラでも大丈夫です.
핸드폰밖에 없습니까?　　　 ケータイしかありませんか.

● Ⅲ-요 …します/…しますか [해요体の終止形語尾]

　Ⅲ-요は用言について해요体を作る終止形語尾です. 해요体はⅢ-요という1つの同じ形ですが, 文末のイントネーションの違いによって, 平叙の「…します」, 疑問の「…しますか」, 勧誘の「…しましょう」, 命令の「…しなさいよ」といったさまざまな意味を表します. **母音語幹, 子音語幹の区別なしに用いられます**. とりわけ平叙形と疑問形のイントネーションに注意しましょう:

> 　　　　　　　　　　　Ⅲ-요
> 平叙形「…します」:　　　↘ 文末を下げて発音
> 疑問形「…しますか」:　　↗ 文末を上げて発音

지하철 역은 저기 있어요. ↘　　駅はあそこにあります.
학생도 괜찮아요? ↗　　　　　 学生もかまいませんか.
학생도 괜찮아요. ↘　　　　　 学生もかまいません.

● Ⅰ-는데요 …するんですが. Ⅱ-ㄴ데요 …ですが　　［婉曲］

「…します」,「…です」と断定して言い切るのではなく,「…するのですが」,「…ですが」のように柔らかく, 遠まわしに表現するのに用います:

婉曲法	…するんですが …するんですけど	動詞, 存在詞につく	Ⅰ-는데요
	…ですが …ですけど	形容詞, 指定詞につく	Ⅱ-ㄴ데요

책은 저기 있는데요.　　本はあそこにありますが.　　［存在詞］
이것도 괜찮은데요.　　これもなかなかですが.　　［形容詞］
지금 전철 역인데요.　　今, 駅なんですが.　　　　　［指定詞］

● 位置と方向の名詞

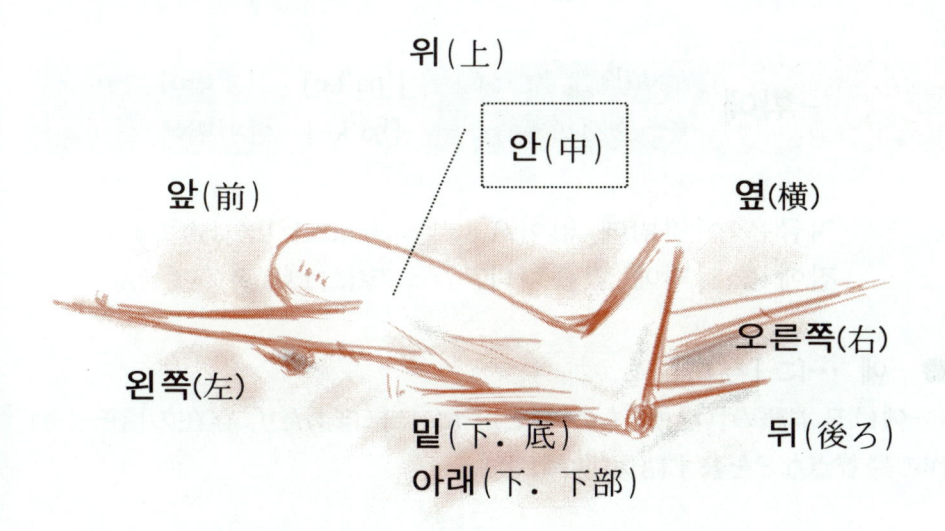

위(上)
안(中)
앞(前)
옆(横)
오른쪽(右)
왼쪽(左)
밑(下. 底)
아래(下. 下部)
뒤(後ろ)

위에 있어요.　　　　　　上にあります.
책상 왼쪽에 없어요?　　机の左にありませんか.

비행기 안에 있습니다.　　飛行機の中にあります.

● −도 …も ［包括限定］
　−도は日本語の「…も」にあたる語尾(助詞)です:

…も	−도	終声[ᵖ][ᵗ][ᵏ]につくと	[ˀto ト]	그것도	それも
		それ以外のときは	[do ド]	여기도	ここも

지은 씨 책도 여기 있습니다.　　チウンさんの本もここにあります.
그 컴퓨터도 좋아요.　　そのコンピュータもいいですよ.

● −밖에 …しか ［排除限定］
　−밖에は日本語の「…しか」にあたる語尾(助詞)です. 後ろに否定形を伴います:

…しか (…ない)	−밖에	終声[ᵖ][ᵗ][ᵏ]につくと	[ˀpaˀke]	그것밖에	それしか
		それ以外のときは	[baˀke]	여기밖에	ここしか

지금은 이것밖에 없어요.　　今はこれしかありません.
집에는 저밖에 없습니다.　　家には私しかいません.

● −에 …に ［与格］
　−에は日本語の「(**場所. もの. こと**)…に」にほぼあたり, 存在の場所や動作の帰着点などを表す語尾(助詞)です:

(場所, もの, こと) …に	−에 [e]	집에	家に
		교실에	教室に

また，日本語の「**(人間や動物)**…**に**」は，-에ではなく-에게，-한테，-께の語尾(助詞)を用います．있다(いる)や없다(いない)など，後ろに存在を表す用言が来ると，これらは「(誰々)…のところに」という意も表します：

(人間や動物)…に	-에게 [ege]	書きことば形	친구에게	友達に
	-한테 [hantʰe]	話しことば形	동생한테	弟に
	-께 [ˀke]	尊敬形	선생님께	先生に

그 책은 학교에 없어요. あの本は学校にありません.
친구에게 제 가방이 있습니다. 友達のところに私のカバンがあります.
컴퓨터는 누나한테 있는데요. コンピュータは姉さんのところにありますが.
선생님께 이 책이 있습니까? 先生のところにこの本がありますか.

なお，-가/-이(…が)の尊敬形として-께서，-는/-은(…は)の尊敬形として-께서는，-도(…も)の尊敬形として-께서도という形があります．
日本語同様，-에는(…には)，-한테도(…にも)のように，2つの「てにをは」が結合した形も用いられます．

１２課のぷちアップ

●道で

01	석우	죄송한데요, 편의점이 어디 있습니까?
02	학생	저기 맥도날드 건너편에 있는데요.
03	석우	고맙습니다.

```
01 [ソグ]   すみませんが, コンビニはどこにありますか.
02 [学生]  あそこのマックの向かいにありますよ.
03 [ソグ]   どうも.
```

●単語

죄송한데요	<罪悚-> [tʃwe:soŋ(h)andejo チェーソんハンデヨ] すみませんが
편의점	<便宜店> [pʰjɔnidʑɔm] コンビニ
맥도날드	[mɛkʔtonaldɯ] [固有名詞] マクドナルド
건너편	<-便> [kɔ:nnɔpʰjɔn] 向かい側
있는데요	[inɯndejo] ありますが. 있다(ある)のⅠ-는데요
고맙습니다	[ko:mapʔsɯmnida コーマプスムニダ] ありがとうございます

● 映画のポスターを見ながら

| 04 | 다케다 | 이 영화 재미있습니까? |
| 05 | 준호 | 아, 이건 좀 별로에요. |

> 04 [武田]　　この映画, 面白いですか.
> 05 [チュノ]　あ, これはちょっといまいちですね.

● 漫画を読んでいるソグに

| 06 | 혼다 | 그 만화책 재미있어요? |
| 07 | 석우 | 네, 정말 재미있습니다. |

> 06 [本田]　　その漫画, 面白いですか.
> 07 [ソグ]　　ええ, 本当に面白いですよ.

●単語

영화	<映畫>[jɔŋ(h)wa] 映画
재미있습니까	[tʃɛmiiʔsɯmniʔka] 面白いですか. 재미있다(面白い)のⅠ-습니까.「面白くない」は재미없다
별로	<別->[pjɔllo]［副詞］別に. 特に(…ではない). あまり. 必ず後ろに否定を伴うか, あるいは否定的な意味で用いられる
별로에요	<別->[pjɔlloejo] あまりよくないです. いまいちです. 별로＋-이다の해요体
만화	<漫畫>[maːn(h)wa] 漫画
만화책	<漫畫冊>[maːn(h)watʃʰɛᵏ] マンガ本
정말	<正->[tʃɔːŋmal]［名詞］本当.［副詞］本当に
재미있어요	[tʃɛmiiʔsɔjo] 面白いですか. 재미있다(面白い)のⅢ-요
재미있습니다	[tʃɛmiiʔsɯmnida] 面白いです 재미있다(面白い)のⅠ-습니다

１２課のぷちチャレ

● 次の各文を訳しなさい．

1) すみませんが，郵便局(우체국)はどこにありますか．
2) ソグさんは，シティ劇場(극장)の向かいのピザ屋さん(피자 집)にいるんですが．
3) チウンさん，あの，今はこの本しかないんですけど．
4) この韓国語の本もとてもいいですね．
5) この映画も面白いですか．
　　　 － ええ，その映画もとても面白いです．
6) ソンデさん，ビデオ(비디오)カメラありますか．
　　　 － 私は普通の(그냥)カメラしかないんですけど．
7) 今，お時間よろしいですか．
　　　 － はい，構いません．何でしょうか(왜요?:なぜですか．왜+－요)．
8) 電話は，事務室(사무실)の中にありますが．
9) この建物の後ろに学校があります．

제 13 과 ● インターネットを見ます

> 母音語幹の用言の합니다体と해요体
> …で, …を, …より, …へ

母音語幹の用言＋Ⅱ-ㅂ니다, Ⅱ-ㅂ니까?
-에서, -를/-을, -보다, -로/-으로

会話1

●新聞について尋ねる

01	준호	민아 씨, 집에서 무슨 신문을 봅니까?
02		조선일보를 보는데요.
03	민아	그런데 요즘은 신문보다 인터넷을 더 많이 봐요.

01 [チュノ] ミナさん, 家で何新聞をとってますか.
02 [ミナ] 朝鮮日報をとってますけど.
03 でも, 最近は新聞よりインターネットをよく見ます.

● 単語

무슨	[musɯn] [冠形詞]	何の. どんな
신문	<新聞>[ʃinmun]	新聞
봅니까	[pomniʔka]	見ますか. 보다(見る)のⅡ-ㅂ니까?「신문을 보다」は「新聞を見る」,「新聞を取る」
조선일보	<朝鮮日報>[tʃosɔnilbo]	朝鮮日報. 韓国の新聞名
보는데요	[ponɯndejo]	見るんですが. 보다(見る)のⅠ-는데요
그런데	[kɯrɔnde] [接続詞]	ところで. でも. だけど
요즘	[jodʒɯm] [副詞]	最近
인터넷	[intʰɔnetʼ]	インターネット
더	[tɔ] [副詞]	(比較に用いて)より(…だ). さらに
많이	[ma:ni] [副詞]	たくさん
봐요	[pwa:jo]	見ます. 보다(見る)のⅢ-요. 話しことば形

会話2

●服部さんがスミンさんに電話で出口を聞いています

01	핫토리	수민 씨, 저희 지금 강남 역인데요,
02		시티 극장은 몇 번 출구로 나가요?
03	수민	7번 출구요.
04		핫토리 씨, 거기 석우 씨도 있어요?
05	핫토리	네, 석우 씨하고 같이 가는데요.
06	수민	아, 네. 그럼 극장 앞에서 만나요.

01	[服部]	スミンさん、私たち、今江南駅なんですけど、
02		シティー劇場は何番出口から出るんですか.
03	[スミン]	7番出口ですよ.
04		服部さん、そこにソグさんもいます？
05	[服部]	ええ. ソグさんと一緒に行くとろこですけど.
06	[スミン]	あ、そうですか. じゃ、劇場の前で会いましょう.

●単語

강남	<江南>[kaŋnam] 江南. ソウルの地名
역	<驛>[jɔk̚] 駅
역인데요	[jɔgindejo] 駅なんですが. 역(駅)＋指定詞-이다(…である)の第Ⅱ語基-이-に-ㄴ데요がついた形
극장	<劇場>[kuk̚ʔtʃaŋ] 劇場. 映画館
시티 극장	<-劇場>[ʃitʰiguk̚ʔtʃaŋ] シティー劇場
몇	[mjɔt̚] [数詞] いくつの
번	<番>[pɔn] [接尾辞][名数詞]（漢字語数詞について）…番.（固有語数詞について）…回.…度.「일번」は「1番」,「한 번」は「一度」.→156頁
출구	<出口>[tʃʰulgu] 出口.「入り口」は입구<入口>
나가요	[nagajo] 出るんですか. 나가다(出て行く)のⅢ-요
거기	[kɔgi] そこ
같이	[katʃʰi] 一緒に
가는데요	[kanɯndejo] 行くのですが. 가다(行く)のⅠ-는데요
만나요	[mannajo] 会いましょう. 만나다(会う)のⅢ-요

文法と表現

● Ⅱ-ㅂ니다 …します. [平叙]　Ⅱ-ㅂ니까? …しますか. [疑問]

　Ⅱ-ㅂ니다, Ⅱ-ㅂ니까?は母音語幹の用言について「…します」,「しますか」という意味を表す합니다体の終止形語尾です. 会話1 には 보다 (見る) の第Ⅱ語基についた 봅니까? という形があります:

| 平叙形「…します」 | Ⅱ-ㅂ니다. |
| 疑問形「…しますか」 | Ⅱ-ㅂ니까? |

　합니다体で文を終えたければ, 보다 など**母音語幹**の用言にはこの**Ⅱ-ㅂ니다, Ⅱ-ㅂ니까**を用い, 있다 などをはじめとする**子音語幹**の用言には前の課で見たように, Ⅰ-습니다, Ⅰ-습니까を用います:

母音語幹の用言
보다, -이다 …　→　Ⅱ-ㅂ니다.
　　　　　　　　　Ⅱ-ㅂ니까?

집에서 조선일보를 봅니다.　家で朝鮮日報をとっています.
저는 학생입니다.　　　　　私は学生です.

子音語幹の用言
있다, 괜찮다 …　→　Ⅰ-습니다.
　　　　　　　　　Ⅰ-습니까?

여기 오늘 신문 없습니까?　　ここに今日の新聞はありません か.

이 시디도 괜찮습니다.　　このCDも悪くないですよ.

● -입니다. -(이)에요 …です［指定詞の합니다体と해요体］
　指定詞-이다(…である)のⅢ-요は特別な形で，-이에요という形になります．第6課で学んだ해요体の-이에요や-에요はこの形です．합니다体なら，-입니다となります．第8課で学んだ形です：

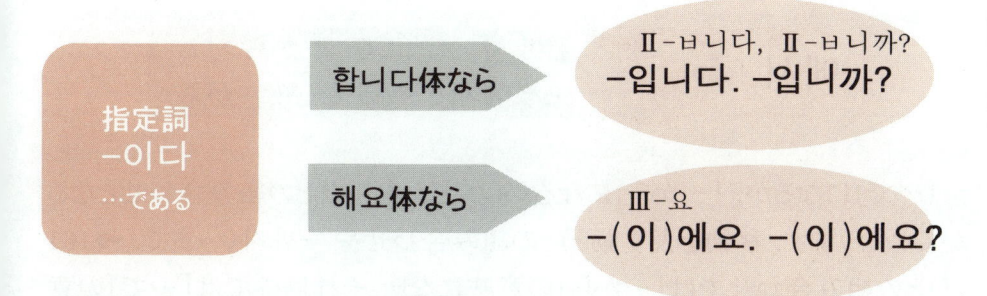

指定詞
-이다
…である

합니다体なら → Ⅱ-ㅂ니다, Ⅱ-ㅂ니까?
-입니다. -입니까?

해요体なら → Ⅲ-요
-(이)에요. -(이)에요?

● 母音語幹の用言の活用の復習
　母音語幹の用言は，11課で学んだように，次のごとく活用します：

母音語幹の語基活用

	Ⅰ	Ⅱ	Ⅲ
보다（見る）	보-		보아-/*봐-
주다（与える）	주-		주어-/*줘-
가다（行く）		가-	
서다（立つ）		서-	

*は話しことば形

母音語幹では常に第Ⅰ語基と第Ⅱ語基が同じになります．さらに語幹が ㅏ，ㅓ，ㅕである用言は第Ⅰ語基から第Ⅲ語基が同じ形になります．第Ⅲ語基の作り方は，子音語幹の場合と基本的に同じです．

● -에서 …で [処格．奪格]

物事が行われる場所を表す日本語の「…で」に相当する語尾(助詞)として-에서があります．また，この-에서は動作の起点を表す「…から」に相当する語尾(助詞)としても使われます：

-에서 [esɔ]	例：집에서　　家で．家から 　　 교실에서　教室で．教室から

「…で」になるか，「…から」になるかは，どんな用言との組み合わせとなるかでわかります．移動を表す動詞との組み合わせや，-까지(…まで．➡161頁)との組み合わせでは「…から」の意味になり，それ以外では「…で」の意味になります：

　　　　일본에서 한국까지 가요．
　　　　　　日本から韓国まで行きます．[移動]
　　　　학교에서 파티가 있어요．
　　　　　　学校でパーティーがあります．[移動以外]

場所を表わす「こそあど」につくときは，여기서(ここで)，거기서(そこで)，저기서(あそこで)，어디서(どこで)のように-서という形が好んで用いられます．

● −를/−을 …を [対格]

日本語の「…を」にあたる語尾(助詞)です：

…を	−를 [rɯl]	母音語幹につく	김치를	キムチを
	−을 [ɯl]	子音語幹につく	인터넷을	インターネットを

극장에서 영화를 봅니다.　　映画館で映画を見ます.
집에서 신문을 봐요.　　　　家で新聞を見ます.

−를/−을 ≒ 를

● −보다 …より [比較格]

日本語の「…より」にあたる語尾(助詞)です：

…より	−보다	終声[ᵖ][ᵗ][ᵏ]につくと	[ʔpoda]	그것보다 それより
		それ以外のときは	[boda]	여기보다 ここより

인터넷보다 신문이 좋아요.
　　　　　インターネットより新聞が好きです.
그 영화보다 이 영화가 괜찮은데요.
　　　　　あの映画よりこの映画が面白いですが.

● −로/−으로…へ ［向格］…で ［具格］

　方向を表す「…へ」, あるいは道具, 手段や方法を表す「…で」にあたる語尾(助詞)です:

…へ…で	−로 [ro]　　−으로 [ɯro]	母音語幹, ㄹ語幹につく　　子音語幹につく	차로　　펜으로	車で　　ペンで

方向:
시티 극장은 7번 출구로 나가요.
　　　　　　シティー劇場は7番出口の方へ出るんですよ.
저희 집으로 가요.　　　私たちの家へ行きましょう.
道具, 手段:
학교에 버스로 가요.　　学校にバスで行きます.
인터넷으로 영화를 봅니다. インターネットで映画を見ます.

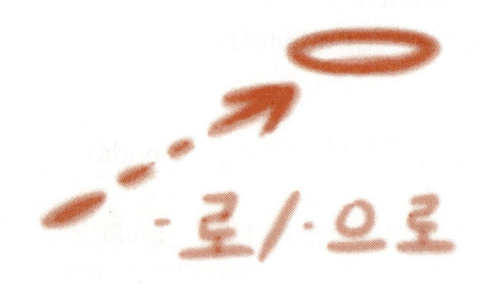

１３課のぷちアップ

●レストランでトイレを探しています

01	석우	저기요, 여기 화장실이 어디에요?
02	점원	화장실은 입구 바로 옆에 있어요.
03	석우	고맙습니다.

```
01 [ソグ]   あの、ここ、トイレはどこですか.
02 [店員]   トイレは入口のすぐ横にあります.
03 [ソグ]   どうも.
```

●キャンパスで

| 04 | 지은 | 한국어 시험은 언제 봐요? |
| 05 | 혼다 | 내일 봅니다. |

```
04 [チウン]  韓国語の試験はいつ受けるんですか.
05 [本田]   明日受けます.
```

●キャンパスで

| 06 | 수민 | 지은 씨하고 오늘 어디서 만나요? |
| 07 | 혼다 | 학교 앞 카페에서요. |

06 [スミン]　チウンさんと今日どこで会いますか.
07 [本田]　学校の前のカフェで会います.

● 食堂で

| 08 | 핫토리 | 한국에서도 젓가락으로 밥을 먹어요? |
| 09 | 민아 | 네, 그런데 보통 밥하고 국은 숟가락으로 먹습니다. |

08 [服部]　韓国でもはしで御飯を食べますか.
09 [ミナ]　はい, でも, 普通御飯と汁物はスプーンで食べます.

● 単語

점원	<店員>[tʃɔːwʌn] 店員
저기요	[tʃɔgijo] [間投詞] あの. すみませんが. 呼びかけの表現. 여기요ともいう
여기	[jɔgi] ここ
화장실	<化粧室>[hwadʒaŋʃil] トイレ. 化粧室
입구	<入口>[ipʔku] 入口. 「出口」は출구
바로	[paro] [副詞] ちょうど. まさに
옆	[jɔp] 横
한국어	<韓國語>[haːŋugɔ] 韓国語
시험	<試驗>[ʃi(h)ʌm] 試験.「시험을 보다」は「試験を受ける」
언제	[ɔːndʒe] [疑問詞] いつ
봐요	[pwaːjo] [動詞] (試験を)受けますか. 見ますか. 보다(見る)のⅢ-요
내일	<來日>[nɛil] 明日

봅니다	[pomnida]	[動詞] (試験を)受けます. 見ます
	보다(見る)のⅡ-ㅂ니다	
앞	[aᵖ]	前
카페	[kʰapʰe] [ˀkapʰe]	カフェ. 喫茶店
젓가락	[tʃɔ⁽ᵗ⁾ˀkaraᵏ]	はし.「はしとスプーン」をあわせて수저ともいう
숟가락	[su⁽ᵗ⁾ˀkaraᵏ]	スプーン
밥	[paᵖ]	御飯. 食事
국	[kuᵏ]	汁物

１３課のぷちチャレ

● 1 次の各文を訳しなさい．

1) どこに行くんですか．
　　　－ コンビニに行くんですよ．
2) 会社ではインターネットをよく見ます．
3) 私の携帯，その机(책상)の上にありますか．
　　　－ ええ，この机の上にあります．
4) 今日は何の試験を受けるんですか．
　　　－ 韓国語の単語(단어)の試験を受けます．
5) トイレはどこにありますか．
　　　－ エレベーター(엘리베이터)のすぐ横にあります．
6) 何の映画ですか．日本映画ですか．
　　　－ いや，日本映画ではありません．これは韓国のミュージックビデオ(뮤직 비디오)ですけど．
7) 勉強(공부)はどこでしますか(하다)．
8) 今日は昨日より天気(날씨)がいいですね．

● 2 次の表を完成させなさい．

	Ⅰ-습니다/ Ⅱ-ㅂ니다	Ⅰ-는데요/ Ⅱ-ㄴ데요	Ⅲ-요
있다	있습니다 あります	있는데요 ありますが	있어요 あります
없다			
좋다			
괜찮다			
-이다			
아니다			
보다			
가다			
주다			

前置き表現 ぷち表現

1) 저.　　　　　　　　［チョ］　あの

2) 저기요.　　　　　　［チョギヨ］　あのですね

3) 저기.　　　　　　　［チョギ］　あの

4) 있잖아요.　　　　　［イッチャナヨ］　あの, すみませんが

5) 있잖아.　　　　　　［イッチャナ］　あのね

6) 근데요.　　　　　　［クンデヨ］　それがですね, ところでですね

7) 근데.　　　　　　　［クンデ］　それがね, ところで

8) 그럼.　　　　　　　［クロム］　それじゃ, だったら

9) 사실은요.　　　　　［サシルンニョ］　実はですね

10) 죄송한데요.　　　　［チェソンハンデヨ］　申し訳ないですが

11) 혹시.　　　　　　　［ホクシ］　ひょっとして

제 14 과 ● 李先生はいらっしゃいますか

> 確認法．…するでしょう？　尊敬形

Ⅰ-지요/-죠．　Ⅱ-시-
尊敬形：계시다．　있으시다．　-이시다

会話 1

●李先生のお宅にソグさんが電話をかけました　52

01	석우	여보세요?
02		거기 이 선생님 댁이죠?
03	민희	네.
04	석우	이 선생님 계십니까?
05	민희	아버지는 지금 학교에 계시는데요.
06		실례지만 누구시죠?
07	석우	네, 저는 강석우라고 합니다.

```
01 [ソグ]   もしもし.
02          そちらは李先生のお宅でしょうか.
03 [ミニ]   はい.
04 [ソグ]   李先生いらっしゃいますでしょうか.
05 [ミニ]   父は今, 学校におりますが.
06          失礼ですが, どちら様でしょうか.
07 [ソグ]   私はカン・ソグと申します.
```

● 単語

여보세요	[jɔbosejo] [間投詞] もしもし
댁	<宅>[tɛ^k] お宅
댁이죠	<宅->[tɛgidʒo] お宅でしょうか. 댁＋指定詞-이다の第Ⅰ語基に-죠がついた形
계십니까	[ke:ʃimni$^?$ka] いらっしゃいますか. 계시다(いらっしゃる)のⅡ-ㅂ니까
아버지	[abɔdʒi] 父. お父さん. 「お母さん」は어머니
학교	<學校>[ha$^{k?}$kjo] 学校
계시는데요	[ke:ʃinɯndejo] いらっしゃるのですが. 계시다(いらっしゃる)のⅠ-는데요
실례지만	<失禮->[ʃilledʒiman] 失礼ですが
누구	[nugu] [代名詞] 誰.「誰が」は「누가」という

会話2

●本田さんとチウンさんが時間の打ち合わせをする 🔘53

01	지은	오늘 시간 있으세요?
02	혼다	오늘은 약속이 좀 있어요.
03		내일은 괜찮은데요.
04	지은	내일이요?
05		내일은 제가 좀 시간이 없어요.
06	혼다	참, 내일은 지은 씨가 시험이 있으시죠?

```
01 [チウン]  今日時間おありですか.
02 [本田]   今日はちょっと約束があるんですよ.
03         明日は大丈夫ですが.
04 [チウン]  明日ですか?
05         明日は私がちょっと時間がないんですよ.
06 [本田]   あ, 明日はチウンさんが試験がありますよね.
```

●単語

오늘	[onɯl] 今日
시간	<時間>[ʃigan] 時間
있으세요	[iʔsɯsejo] おありですか. 있다(いる. ある)のⅡ-세요
약속	<約束>[jakʔsokʰ] 約束
좀	[tʃom] [副詞] 少し. ちょっと

참	[tʃʰam] [間投詞] あっ．[副詞] 本当に
시험	<試験>[ʃi(h)ɔm] 試験
있으시죠	[iʔsɯʃidʒo] おありでしょう． 있다(いる．ある)のⅡ-시-＋Ⅰ-죠

文法と表現

● Ⅰ-지요?／Ⅰ-죠？ …するでしょう？ …でしょう？ [確認法]

この形は次の3つの用法があります．

①自分の思っていることについて，「ね，そうでしょう？」と，**聞き手に同意を求める**ときに，このⅠ-지요？ [tʃijo チヨ]を使います．話しことばでは短縮形Ⅰ-죠？ [tʃo チョ]を多く用います：

　　내일은 시험이 있지요?
　　　　明日は試験があるでしょう？
　　선생님은 지금 댁에 계시죠?
　　　　先生は今，お宅にいらっしゃるでしょう？
　　저 학생은 일본사람이죠?
　　　　あの学生は日本人でしょ？
　　신문보다 인터넷이 더 괜찮죠?
　　　　新聞よりインターネットがもっといいでしょう？

②**疑問詞とともに疑問文で用いられると，やわらかい疑問**を表します：

　　어, 이게 뭐죠?　　　　　　あ，これ，何でしょう？
　　무슨 신문이 좋죠?　　　　　何新聞がいいでしょう？
　　이 책은 얼마죠?　　　　　　この本はいくらでしょうか？

③文末のイントネーションを下げると，「(もちろん，当然，大丈夫)…しま

すよ．…しましょう」と，話し手が**確認を表明する**意の平叙文になります：

　　　　거기는 제가 가죠.　　　　　そこは私が行きましょう．

● **Ⅱ-시-　…なさる [尊敬の接尾辞]**
　日本語と同じように，「する」に対する「なさる」のような**尊敬形**が，韓国語にもあります．韓国語は日本語と違って，他人に対して言うとき，**身内のことも目上であれば尊敬形**を使います．例えば自分の父親について外の人に話すとき，「お父様は今，いらっしゃいません」というように表現するわけです．

　用言の本体と語尾の間に入る要素があり，これを**接尾辞**と呼びます．接尾辞-시-は用言の第Ⅱ語基について，日本語の「…なさる」にあたる尊敬形を作ります．この接尾辞Ⅱ-시-自体も用言と同様に3つの語基を持ちます．母音語幹ですので第Ⅰ語基と第Ⅱ語基は同じ形ですが，第Ⅲ語基にもう1つの形があります：

Ⅱ-시-の活用

Ⅰ	Ⅱ	Ⅲ
-시-		-셔-/-세-　(-요の前でのみ)

　また，接尾辞で文を終わらせることはできず，接尾辞の後ろにはⅡ-ㅂ니다やⅡ-ㅂ니까？など，必ず何らかの**語尾**をつけて用います．-시-に해요[ヘヨ]体をつくる語尾-요がつくときは，上のように第Ⅲ語基は-세-を用い，全体で-세요という形になります：

尊敬形の합니다体と해요体の平叙形と疑問形

	합니다体	해요体
平叙形(…なさいます)	Ⅱ-십니다	Ⅱ-세요
疑問形(…なさいますか)	Ⅱ-십니까?	Ⅱ-세요?

　第6課で学んだ-(이)세요?(…でいらっしゃいますか)は,指定詞-이다(…である)の第Ⅱ語基に尊敬形の-세요がついた形で,해요[ヘヨ]体です.指定詞の尊敬形の합니다[ハᆷニダ]体は-(이)십니다(…でいらっしゃいます),-(이)십니까(…でいらっしゃいますか)という形になります.

● 계시다 いらっしゃいます. 있으시다 おありです.
　　　　　　　　　　　　　　　　　　　　　[存在詞の尊敬形]
　存在詞있다には,「ある」と「いる」の意味がありますが,このうち「ある」の尊敬形には尊敬の接尾辞Ⅱ-시-を使った있으시다[iʔsɯʃida]という形を用い,「いる」の意の尊敬形には계시다[keːʃida ケーシダ]という別の動詞を使います.なお,[kjeːʃida キェーシダ]とは発音しません:

있다の非尊敬形と尊敬形

非尊敬	尊敬
있다 (いる, ある)	계시다　(いらっしゃる)
	있으시다 (おありだ)

계시다の活用

	Ⅰ	Ⅱ	Ⅲ
계시다 (いらっしゃる)	계시-		계셔- / 계세-(-요の前でのみ)

계시다の합니다体と해요体の平叙形と疑問形

	합니다体	해요体
平叙（いらっしゃいます）	계십니다	계세요
疑問（いらっしゃいますか）	계십니까?	계세요?

14課のぷちアップ

●喫茶店で

01	점원	커피는 어느 분이십니까?
02	석우	네, 접니다.
03	점원	그럼 콜라는 어느 분이세요?
04	민아, 준호	저요.
05	민아	어, 오빠는 녹차 아니세요?
06	준호	아뇨, 저도 콜란데요.

01 [店員]　コーヒーはどちら様でいらっしゃいますか.
02 [ソグ]　はい, 私です.
03 [店員]　では, コーラはどちら様でいらっしゃいますか.
04 [ミナ, チュノ]　私です.
05 [ミナ]　あれ, チュノさんは(お兄さんは)緑茶じゃありませんか.
06 [チュノ]　いいえ, 私もコーラですが.

●単語

커피	[kʰɔpʰi] コーヒー
어느	[ɔnɯ] [冠形詞] どの. 冠形詞は後ろに常に体言を伴う
분	[pun] [不完全名詞] 方(かた)
녹차	<緑茶> [nokʧʰa] 緑茶
콜라	[kʰolla] コーラ
어	[ɔ] [間投詞] あ. お. あれ

１４課のぷちチャレ

● 1 次の各文を韓国語に訳しなさい．

1) このかばん，韓国ではおいくら(얼마)でしょう？
2) その映画，高校生も構わないでしょう？
3) 今日私が夕食(저녁)をごちそうしましょう(사다)．
4) あ，チウンさん，今約束がおありでしょう？
5) あの方は携帯をお持ちでないんです．
6) パク先生今いらっしゃいますか．
　　　　　― 失礼ですが，どちら様でしょうか．
　　　　　― キム・ソンデと申しますが．
7) 明日，時間構わないでしょうか．
　　　　　― はい，何の御用(일)でしょうか．
8) あの方，キム先生でいらっしゃいませんか．
　　　　　― ええ，私たち(저희)の韓国語の先生でいらっしゃいます．
9) 今日もミナさんと一緒に勉強(공부)なさるでしょう？

● 2 次の表を完成させなさい.

	Ⅰ-죠?	Ⅱ-십니다 (Ⅱ-시-+ Ⅱ-ㅂ니다)	Ⅱ-세요 (Ⅱ-시-+ Ⅲ-요)	Ⅱ-시죠? (Ⅱ-시-+ Ⅰ-죠?)
있다 ある	있죠 あるでしょう	있으십니다 おありです	있으세요 おありです	있으시죠 おありでしょう
없다				
좋다				
괜찮다				
-이다				
아니다				
보다				
가다				
주다				
계시다				
하다				

14 십사

제 15 과 ● お昼, 召し上がりましたか

過去形. 否定形(1). 不可能形. 複数を示す接尾辞

過去形：Ⅲ-ㅆ-. 否定形：안. 不可能形：못. 複数：-들

会話 1

●職場で

01	수민	점심 드셨어요?
02	성대	아직 못 먹었습니다.
03	수민	아니, 점심을 아직 안 드셨어요?
04	성대	네, 일이 좀 많았어요.
05		수민 씨는 뭘 드셨어요?
06	수민	저는 아까 김치찌개를 먹었어요.

01 [スミン]　　お昼召し上がりましたか.
02 [ソンデ]　　まだ食べていないんですよ.
03 [スミン]　　え, まだお昼を召し上がっていないんですか.
04 [ソンデ]　　はい, ちょっと仕事が多かったんですよ.
05　　　　　　スミンさんは何を召し上がりましたか.
06 [スミン]　　私はさっきキムチチゲを食べました.

● 単語

점심	<點心> [tʃɔːmʃim] 昼御飯. 昼食
드셨어요	[tuʃɔʔɕɔjo] 召し上がりましたか. 드시다(召し上がる)の Ⅲ-ㅆ어요?(Ⅲ-ㅆ-＋Ⅲ-요)
아직	[adʑiᵏ] [副詞] まだ
못	[moːᵗ] [副詞] …できない. 「文法と表現」を参照
먹었습니다	[mɔgɔʔsɯmnida] 食べました. 먹다(食べる)の Ⅲ-ㅆ습니다.(Ⅲ-ㅆ-＋Ⅰ-습니다)
아니	[ani] [間投詞] え？いや
일	[iːl] 仕事. こと. 用事
많았어요	[maːnaʔsɔjo] 多かったです. 많다(多い)のⅢ-ㅆ어요
뭘	[mwɔːl] 何を. 무엇을の短縮形
아까	[aʔka] [副詞] さっき
김치찌개	[kimtʃʰiʔtʃigɛ] キムチチゲ
먹었어요	[mɔgɔʔsɔjo] 食べました. 먹다(食べる)のⅢ-ㅆ어요

● 朝, 昼, 夜

아침	[atʃʰim] 朝. 朝食. 朝ごはん
점심	<點心>[tʃɔːmʃim] 昼御飯. 昼食
낮	[naᵗ] 昼. 昼間
저녁	[tʃɔnjɔᵏ] 夕方. 夕暮れ. 夕ご飯. 夕食
밤	[pam] 夜

15 십오

会話2

●キャンパスで

01	혼다	어제는 추석이었어요.
02	혼다	그래서 학교에서 유학생들 파티가 있었어요.
03	민아	한복도 입으셨어요?
04	혼다	아뇨, 한복은 안 입었어요.
05	민아	그래요? 음식은 괜찮았어요?
06	혼다	네, 음식은 다 아주 맛있었어요.

01 [本田]　昨日は秋夕（チュソク）だったんですよ.
02　　　　それで，学校で留学生たちのパーティーがありました.
03 [ミナ]　韓国の伝統服も着られましたか.
04 [本田]　いいえ，韓国の伝統服は着ませんでした.
05 [ミナ]　そうですか. 料理は悪くなかったですか.
06 [本田]　はい，料理はみんなとてもおいしかったですよ.

●単語

어제	[ɔdʒe] 昨日
한국	<韓國>[ha:nguᵏ] 韓国
추석	<秋夕>[tʃʰusɔᵏ] 秋夕. 陰暦8月15日のこと

그래서	[kɯrɛsɔ] [接続詞] それで	
유학생	<留學生>[ju(h)akˀsɛŋ] 留学生	
파티	[pʰa:ti] パーティー	
한복	<韓服>[ha:nboᵏ] 韓国の伝統服	
안	[an] …しない.「文法と表現」参照	
입으셨어요	[ibɯʃɔˀsɔjo] 着られましたか.（尊敬＋過去）. 입다（着る）の第Ⅱ語基＋尊敬の-시-の第Ⅲ語基셔＋-ㅆ어요	
입었어요	[ibɔˀsɔjo] 着ました. 입다（着る）のⅢ-ㅆ어요	
음식	<飲食>[ɯ:mʃiᵏ] 食べ物. 料理	
괜찮았어요	[kwɛntʃʰanaˀsɔjo] よかったですか. 悪くなかったですか. 괜찮다（構わない）のⅢ-ㅆ어요	
다	[ta:] [副詞] 皆. 全部	
맛있었어요	[maʃiˀsɔˀsɔjo] おいしかったです. 맛(이)있다（おいしい）のⅢ-ㅆ어요.「おいしくない」は「맛(이)없다」	

139

文法と表現

● Ⅲ-ㅆ-　…した［過去の接尾辞］

　ことがらを過去のものとして述べるには，Ⅲ-ㅆ-という**過去の接尾辞**を用います．この過去の接尾辞も子音語幹ですので，他の子音語幹の用言と全く同じように活用します．子音語幹なので第Ⅱ語基には-으-をつけ，第Ⅲ語基を作るには，語幹-ㅆ-に母音はありませんから，「ㅏもしくは ㅗ 以外」に相当するので(➜94頁)，-어をつけます：

Ⅲ-ㅆ-の語基活用

第Ⅰ語基	第Ⅱ語基	第Ⅲ語基
-ㅆ-	-ㅆ으-	-ㅆ어-

　また，接尾辞で文を終わらせることはできませんので，接尾辞-ㅆ-の後ろには文を終わらせるため，たとえばⅠ-습니다などの，何らかの**語尾**をつけて用います．합니다体はⅢ-ㅆ습니다，해요体はⅢ-ㅆ어요となります．

　なお，指定詞の-이다(…である)は子音で終わる単語には-이었습니다，-이었어요，母音で終わる単語には -였습니다，-였어요がつきます．いくつかの用言で例を見てみましょう：

	非過去形 …します		過去形 …しました	
	합니다体	해요体	합니다体	해요体
받다 受け取る	받습니다	받아요	받았습니다	받았어요
	受け取ります		受け取りました	
먹다 食べる	먹습니다	먹어요	먹었습니다	먹었어요
	食べます		食べました	
있다 ある.いる	있습니다	있어요	있었습니다	있었어요
	あります.います		ありました.いました	
보다 見る	봅니다	*봐요	보았습니다 *봤습니다	보았어요 *봤어요
	見ます		見ました	
주다 あげる	줍니다	*줘요	주었습니다 *줬습니다	주었어요 *줬어요
	あげます		あげました	
하다 する	합니다	해요	했습니다	했어요
	します		しました	
-이다 …である	-입니다 -ㅂ니다	-이에요 -에요	-이었습니다 -였습니다	-이었어요 -였어요
	…です		…でした	

*は話しことば形.

어제 선생님 메일을 받았습니다.
　　　　昨日, 先生のメールを受け取りました.
역시 그 사람은 일본사람이었죠?
　　　　やっぱりあの人は日本人だったでしょ?
저는 지난주에 그 영화를 봤는데요.
　　　　私は先週, あの映画を見たんですが.

尊敬のⅡ-시-にこの-ㅆ-がつくとⅡ-셨-という形になります：

오늘 민아 씨를 만나셨어요?
　　今日，ミナさんにお会いになりましたか．

● **안 + 用言** …しない．…ではない．…くない．
　　　　　　　　　　　　[用言の否定形　その1：前置否定]

指定詞-이다(…である)の否定には아니다(…ではない)を用いましたが，それ以外の用言の否定形を作るには，**用言の前に안[an]という副詞を置きます**．用言が動詞なら「…しない」，形容詞なら「…ではない」「…くない」という意味になります．계시다(いらっしゃる)の否定にもこの안を用います：

　　　　안 ＋ 　用言　　　…しない．…ではない．

この안は，書くときは，後続の用言と離して書きますが，話すときは，「안＋用言」で1つの単語のように，つけて発音されます．共和国では離して書かず，つけて書きます：

오늘은 한복을 안 입었어요．
　　今日は韓国の伝統服は着ませんでした．
　　〈いやで，あるいは着ないことになっていたのでという気持ち〉
그 책은 별로 안 좋아요．
　　その本はそれほどよくありません．
선생님은 학교에 안 계십니다．
　　先生は学校にいらっしゃいません．

「안＋用言の過去形」の組み合わせなら，「…しなかった」と「…していな

い」の両方の意味になりえます：

オヌルン シンムヌル アン パッソヨ.
今日は新聞を見ませんでした.

オヌルン アジク シンムヌル アン パッソヨ.
今日はまだ新聞を見ていません.

● 못 + 用言 …できない　　　　　[用言の不可能形：前置不可能]
「…できない」という**不可能**の意味を表すには，**用言の直前に**못[moː]を置きます：

못　＋　 用言 　…できない

オヌルン ハッキョエ モッ カムニダ.　今日は学校に行けません.
チョ, キムチヌン モン モゴヨ.　　私，キムチは食べられません.
オヌルン ハンボグル モ ディボッソヨ.
　　　今日は韓国の伝統服を着れませんでした.
　　　今日は韓国の伝統服を着ていません.
〈自分の意志としては着たかったけれど，という気持ち〉

日本語では「…できない」ということでも，しばしば「…しない」と表現します．しかし，「したいのだができない」のなら，単なる否定の안ではなくて，不可能の못を用いねばなりません．「行こう」と誘われて，「안 가요.」というと「行きたくないから行かない」ととられます．「못 가요.」といえば，「行く気持ちはあるのだが，行けない」という気持ちが伝わります．

「못＋用言の非過去形」なら「…できない」の意味になりますが，「못＋用

言の過去形」であれば，日本語では「…できなかった」と「(…できていないという気持ちで)…していない」の意味にもなります．

못は終声が口音なので，後ろに来る音によっては発音が変化します：

못の後ろに来る音		
平音 (ㄱ,ㄷ,ㅂ,ㅈ)	濃音化	못 가요． 行くことができません． [moːˀkajo]
鼻音 (ㅁ,ㄴ)	鼻音化	못 먹어요． 食べることができません． [moːnmɔgɔjo]
[i], または, [j]	[n]の挿入	못 입어요． 着ることができません． [moːnnibɔjo]

● -들　…たち．…ら．[複数を示す接尾辞]

-들は日本語の「…たち」と似ていますが，用法が異なります．-들はその前に体言が来ると，基本的にはその体言自体が複数であることを表わし，副詞につく場合は，動作の主体などが複数であることを表わします．体言は人だけでなく，ものなどにも用います．これらは複数性を強調したいときに用います：

…たち	-들	終声[ᵖ][ᵗ][ᵏ]につくと	[ˀtɯl]	그것들 それら
		それ以外のときは	[dɯl]	친구들 友たち

体言につくとき：

친구들은 거기 있습니다．　　友達(複数)はそこにいます．
여기 한국어 책들이 많아요．　ここ，韓国語の本(複数)が多いです．

副詞につくとき:
　　빨리들 오시죠.　　　早く(来る主体が複数)来ていただけますか.
　　　　　　　　　　　＝皆さん, 早くおいでください.
　　많이들 드셨어요?　 たくさん(食べる主体が複数)召し上がりましたか.
　　　　　　　　　　　＝皆さんたくさん召し上がりましたか？

　また,「田中さんと鈴木さんと武田さん」を日本語では「田中さんたち」といいますが, 韓国語で「다나카 씨들」というと, 複数の「田中さん」がいるという意味になります.

● 母音ㅣ[i]で終わる語幹の用言
　다니다のように母音ㅣで終わる語幹の用言は第Ⅲ語基でㅓをつけるとき, 다니어が다녀となるように, ㅣ＋ㅓがㅕと縮まります:

母音ㅣで終わる語幹の語基活用

	Ⅰ	Ⅱ	Ⅲ
다니다 (通う)	다니-	다니-	다녀-
걸리다 (かかる)	걸리-	걸리-	걸려-

　동생은 고등학교에 다녀요.　　弟は高校に通っています.
　시간이 많이 걸렸습니다.　　　時間がたくさんかかりました.

　また尊敬の動詞の계시다(いらっしゃる)や드시다(召し上がる)は, 해요体をつくる-요の前でだけ, 시＋ㅓが세となります. これは尊敬の接尾辞と同じ形です:

	I	II	III
계시다 (いらっしゃる)	계시-		계셔-/*계세-
드시다 (召し上がる)	드시-		드셔-/*드세-

*はIII-요の前でのみ.

많이 드세요.　　　　　　　たくさん召し上がってください.
선생님 지금 계세요?　　　先生は今いらっしゃいますか.
점심은 드셨어요?　　　　 お昼は召し上がりましたか.

15課のぷちアップ

🎧 57

● キャンパスで

| 01 | 수민 | 제 메일 받으셨어요? |
| 02 | 성대 | 네, 잘 받았습니다. |

> 01 [スミン]　私のメール受け取られましたか(届きましたか).
> 02 [ソンデ]　ええ, 確かに受け取りました(届いてますよ).

● キャンパスで

| 03 | 지은 | 벌써 그 책을 다 읽으셨어요? |
| 04 | 준호 | 아뇨, 아직 다 안 읽었어요. |

> 03 [チウン]　もうその本を全部お読みになりましたか.
> 04 [チュノ]　いえ, まだ全部読んでないんですよ.

● キャンパスで

| 05 | 수민 | 이 일, 시간 많이 걸리셨죠? |
| 06 | 지은 | 아뇨, 생각보다 별로 안 걸렸어요. |

```
05 [スミン]　この仕事, かなり時間かかったでしょう?
06 [チウン]　いいえ, 思ったよりあまりかかっていませんよ。
```

● 高校で

| 07 | 민아 | 기말고사 성적표 받으셨어요? |
| 08 | 선배 | 아니, 아직 못 받았어요. |

```
07 [ミナ]　期末試験の成績表, お受け取りになりましたか。
08 [先輩]　いや, まだ受け取ってませんよ。
```

● キャンパスで

| 09 | 지은 | 오늘 학교에서 김 선배님 혹시 못 보셨어요? |
| 10 | 혼다 | 못 봤는데요. |

```
09 [チウン]　今日学校で金先輩, ひょっとして見かけてませんか。
10 [本田]　見かけませんでしたが。
```

●単語

메일	[meil] メール
받으셨어요	[padɯʃɔʔsɔjo] [動詞] 受け取られましたか．받다（受け取る）に尊敬の接尾辞Ⅱ-시-がつき，その後Ⅲ-ㅆ어요がついた形
잘	[tʃal] [副詞] よく．確かに
받았습니다	[padaʔsɯmnida] [動詞] 受け取りました．받다（受け取る）のⅢ-ㅆ습니다
벌써	[pɔlʔsɔ] [副詞] すでに．もう
다	[ta:] [副詞] 皆．みんな．すべて．全部
읽으셨어요	[ilgɯʃɔʔsɔjo] [動詞] お読みになりましたか．읽다（読む）に尊敬の接尾辞Ⅱ-시-がつき，その後Ⅲ-ㅆ어요がついた形
아직	[adʒiᵏ] [副詞] まだ
읽었어요	[ilgɔʔsɔjo] [動詞] 読みました．읽다（読む）のⅢ-ㅆ어요
일	[i:l] 仕事．こと．用事
많이	[ma:ni] [副詞] 多く．たくさん
걸리셨죠	[kɔlliʃɔʔtʃo] [動詞] かかったでしょう？걸리다（かかる）に尊敬の接尾辞Ⅱ-시-がつき，その後Ⅰ-죠がついた形
생각	[sɛngaᵏ] 考え．思い
별로	[pjɔllo] [副詞] 別に．あまり．それほど…でない
걸렸어요	[kɔlljɔʔsɔjo] [動詞] かかりました．걸리다（かかる）のⅢ-ㅆ어요
기말고사	<期末考査>[kimalgosa] 期末試験「中間試験」は중간고사<中間考査>
성적표	<成績票>[sɔŋdʒɔᵏpʰjo] 成績表
아니	[ani] [間投詞] いや
받았어요	[padaʔsɔjo] [動詞] 受け取りました．받다（受け取る）のⅢ-ㅆ어요

오늘	[onɯl] 今日
선배님	<先輩-> [sɔnbɛnim] 先輩
혹시	<或是> [hokʔʃi] [副詞] もしや. ひょっとして
보셨어요	[poʃɔʔsɔjo] [動詞] (-를/-을 …を) 見ましたか. 見かけましたか. (-를/-을 …に) 会いましたか. 보다(見る)のⅢ-ㅆ어요?
봤는데요	[pwa:nnɯndejo] [動詞] 見ましたが. 보다(見る)に過去の接尾辞Ⅲ-ㅆ-がつき, その後Ⅰ-는데요がついた形

「ぷち」の次は「Viva!」
一冊終えたあなたへ

Viva! 中級 韓国語

待望の本格的中級学習書!!

CD付／328頁／3,045円

野間秀樹（のまひでき）・金珍娥（きむじな） 共著

- 会話も語彙も文法も，三位一体で学べる
- 新鮮な今のソウルことばを学べる
- ほんとうに自然な話しことばを学べる
- 間違えやすい単語の用法が学べる
- ほんとうに使える文法を学べる
- 言いたいことをいかに表現するのかを学べる
- 美しい発音のCDによって音からも学べる

入門から中級まで
自分の実力を整理したいあなたへ

至福の朝鮮語

誰もが この教科書に 嫉妬した。

CD付／296頁／3,045円

野間秀樹（のまひでき）著

- 入門から中級まで使える豊かな内容
- 辞書なしで学べる、学習者の立場に立った編集
- 朝鮮語の情感あふれる、真に使える自然な例文
- 言語学と朝鮮語教育の最新の成果に立脚した、緻密な構成
- 文法表・漢字音対照表・詳細な語彙索引など満載
- 7名の若き母語話者が録音した贅沢なCD搭載

ご注文の方法

1. **書店に申し込む** 下記申込書に必要事項をご記入のうえ、最寄りの書店にお渡し下さい。
2. **朝日出版社に申し込む** TEL03-3263-3321、FAX03-5226-9599、http://www.asahipress.com/ にてお申し込みください。代引きにて発送いたします（送料380円）。FAXでお申し込みの場合は、下記申込書に必要事項をご記入のうえ、送信してください。代引きにて発送いたします（送料380円）。

申込書

Viva! 中級韓国語	定価3,045円（税込）	注文数（　　　）冊
至福の朝鮮語	定価3,045円（税込）	注文数（　　　）冊

お名前（ふりがな）

ご住所　〒

TEL　　　（　　　）

お取扱店名

朝日出版社 〒101-0065東京都千代田区西神田3-3-5　☎03-3263-3321　http://www.asahipress.com/

１５課のぷちチャレ

● 1 次の各文を韓国語に訳しなさい．

1) 昼食は何を召し上がりましたか．
　　　― ピビンパ(비빔밥)を食べました．
2) 韓国の料理(요리)はおいしかったですか．
　　　― ええ，どれもよかったですよ．
3) 昨日，お誕生日(생일)だったでしょう？
　　　― ええ，本をプレゼントしてもらいました(선물받다)．
4) 私のメールご覧になりましたか．
　　　― いいえ，まだ見ていないんですが．
5) 秋夕の時(때)，韓国の伝統服はお召しになりませんでしたか．
　　　― ええ，着ませんでした．

● 2 例にならって，次の表を完成させなさい．

	Ⅲ-ㅆ죠 (Ⅲ-ㅆ- + Ⅰ-죠)	Ⅲ-ㅆ습니다 (Ⅲ-ㅆ- + Ⅰ-습니다)	Ⅲ-ㅆ어요 (Ⅲ-ㅆ- + Ⅲ-요)
먹다 食べる	먹었죠 食べたでしょう？	먹었습니다 食べました	먹었어요 食べました
드시다			
많다			
괜찮다			
-이다			
아니다			
보다			
가다			
입다			
받다			
읽다			

제 16 과 ● 2号線に乗ってください

命令形. 場所. 時間

Ⅰ-거든요. 命令形：Ⅱ-세요／Ⅱ-십시오
-부터. -까지

会話 1

01	핫토리	내일 한 시에 어디서 만나죠?
02	민아	시청역에서 만나요.
03	핫토리	시청역은 오호선도 갑니까?
04	민아	아니, 이호선을 타세요.
05		오호선은 거기에 안 서거든요.
06	핫토리	네, 그럼 내일 시청역에서 봐요.

01 [服部]　明日1時にどこで会いましょうか.
02 [ミナ]　市庁駅で会いましょう.
03 [服部]　市庁駅は5号線でも行けますか.
　　　　　（5号線も行きますか）
04 [ミナ]　いいえ, 2号線に乗って下さい.
05 　　　　5号線じゃ行けないんですよ.
　　　　　（5号線はそこにとまらないものですから）
06 [服部]　（はい）じゃ, 明日市庁駅で会いましょう.

● 単語

한	[han] ひとつの．(固有語数詞) 하나(ひとつ)の連体形
시	<時>[ʃi]（固有語の数詞の直後に用いて）…時(じ)
어디서	[ɔdisɔ] [代名詞] どこで．어디(どこ)+-서(…で)．➜116頁
만나죠	[mannadʒo] 会いましょうか．만나다(会う)のⅠ-죠
시청역	<市廳驛>[ʃiːtʃʰɔŋnjokʲ] 市庁駅．➜224頁：[n]の挿入
만나요	[mannajo] 会いましょう．만나다(会う)のⅢ-요
호선	<號線>[hosɔn]（漢字語の数詞について）…号線
갑니까	[kamniʔka] 行きますか．가다(行く)のⅡ-ㅂ니까
타세요	[tʰasejo] 乗って下さい．타다(乗る)のⅡ-세요．「…に乗る」は「-를/-을 타다」
서거든요	[sɔgɔdɯnnjo] 停まるんですよ．서다(停まる．立つ)のⅠ-거든요

● 乗り物

비행기	<飛行機>[pi(h)ɛŋgi] 飛行機
전철	<電鐵>[tʃɔːntʃʰɔl] 電車
지하철	<地下鐵>[tʃi(h)atʃʰɔl] 地下鉄
버스	[ʔpɔsɯ] バス
택시	[tʰɛkʔʃi] タクシー
배	[pɛ] 船．舟
자전거	<自轉車>[tʃadʒɔngɔ] 自転車

会話2

●映画のチケットを買います.

01	석우	다음 회는 몇 시부터 몇 시까집니까?
02	점원	두 시부터 네 시까집니다.
03	석우	그럼 그걸로 표 두 장 주세요.
04	점원	팜플렛은 필요 없으세요?
05	석우	네, 그건 아까 샀거든요.

```
01 [ソグ]   次の回は何時から何時までですか.
02 [店員]   2時から4時までです.
03 [ソグ]   では，それでチケット2枚下さい.
04 [店員]   パンフレットは必要ございませんか.
05 [ソグ]   ええ，それはさっき買いましたので.
```

●単語

다음	[taum] 次の
회	<會>[hwe] （映画, 演劇, 野球などの）…回．「何回やったの」などの「回」は「…번」<番>
두	[tu:] 2つの．둘(2つ)の連体形
네	[ne:] 4つの．넷(4つ)の連体形
그걸로	[kugɔllo] それで．그것으로の短縮形．-으로/-로は手段や方法を表す「…で」．➡118頁
표	<票>[pʰjo] チケット．切符

장	<張>[tʃaŋ]	（固有語の数詞の直後に用いて）…枚
주세요	[tʃusejo]	下さい．주다(もらう．あげる)のⅡ-세요
팜플렛	[pʰampʰulleᵗ]	パンフレット． 標準語は팸플릿だが，通常は팜플렛という
필요	<必要>[pʰirjo]	必要
샀거든요	[saʔkɔdunnjo]	買ったものですから．買ったんですけどね． 사다(買う)＋Ⅲ-ㅆ-＋Ⅰ-거든요

●固有語数詞の連体形

　数を数えるのに用いる개<個>(…個)，장<張>(…枚)や번<番>(…回．度)の前には連体形を用いる．

基本形	하나	둘	셋	넷
連体形	한	두	세	네

「5つ」から「10」までは基本形しかない．

固有語数詞については→38頁．

会話3

●約束の場所で

| 01 | 성대 | 지은 씨, 많이 기다리셨죠? |
| 02 | 지은 | 아니에요. 저도 방금 왔어요. |

```
01 [ソンデ]   チウンさん, お待たせしました.
02 [チウン]   いいえ. 私も来たばかりです.
```

●単語

많이	[maːni] [副詞] たくさん. 多く
기다리셨죠	[kidariʃɔ¹ʔtʃo] お待ちになられたでしょう? 기다리다(待つ)Ⅱ-시-+Ⅲ-ㅆ죠 「많이 기다리셨죠?」は「お待たせしました」
방금	<方今>[paŋɡɯm] [副詞] 今し方. 先ほど
왔어요	[waʔsɔjo] 来ました. 오다(来る)のⅢ-ㅆ어요

文法と表現

● Ⅰ-거든요 …するんですけどね. …するものですから [根拠]

既に述べた事柄の根拠や, これから切り出す話の前提を表します. 発音は[n]の挿入を起こして[거든뇨]となります:

저는 못 가요. 집에 일이 있거든요.
　　　私は行けません. 家で用事があるものですから.
편의점에 `가거든요. 뭐 필요 없으세요?
　　　コンビニへ行きますけど. 何か必要ありませんか.

● Ⅱ-세요. Ⅱ-십시오
　　…してください. お…なさい. [目上の人や大人への命令]

日本語の「…してください」にあたります. これらはどこまでも命令の形ですので, 相手の利益になりそうなことや相手が望んでいること以外のことに用いると失礼になります. 動詞と存在詞にのみ用います:

	해요体 → Ⅱ-세요
…してください（命令）	
	합니다体 → Ⅱ-십시오

성적표는 저기서 받으세요.
　　　成績表はあそこでお受け取りください.

그럼 이호선을 타세요.
　　それなら2号線にお乗りください.
학교에서 파티가 있거든요. 석우 씨도 오세요.
　　学校でパーティーがあるんですよ。ソグさんもいらしてください.

● Ⅲ 주세요. Ⅲ 주십시오
　　…してください. ［目上の人や大人への依頼］

目上の人を相手に「…してください」と頼むときには、Ⅱ-세요やⅡ-십시오ではなく、用言の第Ⅲ語基の後ろに動詞주다（くれる）の命令形주세요あるいは주십시오を用います：

…してください（依頼）	해요体	→ Ⅲ 주세요
	합니다体	→ Ⅲ 주십시오

제 표도 같이 사 주세요.
　　私の切符も一緒に買ってください.
지금 시간이 없거든요. 내일 다시 와 주십시오.
　　今，時間がないんですよ。明日、またいらしてください.
여기서 잠깐만 기다려 주세요.
　　ここでちょっと待っていてください.
이 일 좀 해 주세요.
　　この仕事，ちょっとやってください.

● 한 시 일 분 일 초에 1時1分1秒に ［時間］
時刻を表すには，「…時」の部分だけ固有語数詞の連体形を用い，「…

分」「…秒」には漢字語数詞を用います.「半」には반〈半〉を用います.「…時に」の「…に」は-에,「何時」は「몇 시」. ➜4課38頁:固有語数詞, 漢字語数詞

	時	分	秒
（固有語数詞）＋	시	（漢字語数詞）＋분	（漢字語数詞）＋초

열두 시
12
열한 시 11　　　　　　1 한 시
열 시 10　　　　　　　2 두 시
아홉 시 9　　　　　　 3 세 시
여덟 시 8　　　　　　 4 네 시
일곱 시 7　　　　　　 5 다섯 시
6 여섯 시

두 시 십오 분 육 초　　　2時15分6秒
여섯 시 육 분 삼십 초부터　6時6分30秒から
열두 시 십육 분까지　　　12時16分まで
여덟 시 반에　　　　　　8時半に
한 시간　　　　　　　　1時間
지금 몇 십니까?　　　　 今,何時ですか

● 일월 일일 一月一日 ［月日］
「…月…日」は漢字語数詞と「-월 -일」という接尾辞を用いて表わします.ただし「六月」は「유월」,「十月」は「시월」となります.「何月何日」は「몇 월 며칠」といいます:

月の名前

1月	2月	3月	4月	5月	6月	7月	8月	9月	10月	11月	12月
일월	이월	삼월	사월	오월	유월	칠월	팔월	구월	시월	십일월	십이월

일월 이일에　　一月二日に
유월 삼일부터 칠월 이십일까지
　　　六月三日から七月二十日まで
오늘은 몇 월 며칠입니까? ― 시월 십이이에요.
　　　今日は何月何日ですか. ― 十月十日です.

● −부터. …から. [開始格]. −까지 …まで [終点格]
　時間や順序を表す「…から…まで」に相当する語尾(助詞)として−부터と−까지があります。また13課で習ったように, −에서は動作が行われる場所を表す語尾「…で」に相当しますが, **場所の「…から…まで」**を表すときにはこの−에서と−까지を用います:

時間や順序の起点と終点		場所の起点と終点	
…から	…まで	…から	…まで
−부터	−까지	−에서	−까지

네 시부터 여섯 시까지 수업이 있습니다.
　　　4時から6時まで授業があります.
집에서 전철 역까지 몇 분 걸려요?
　　　家から駅まで何分かかりますか？

-까지は時間的な「…までに」の意味でも用います:

내일까지 전화해 주세요.
　　　　　明日までに電話してください.

● 오다(来る), 배우다(習う) 類：오語幹と우語幹の用言
　오다(来る), 배우다(習う)などの, 母音오や우で終わる語幹の用言は, 母音語幹なので, 第Ⅰ語基, 第Ⅱ語基では辞書形から-다をとった形ですが, 第Ⅲ語基では오아-や우어-にならず, 短縮されて와や워となります:

語幹の用言	例	Ⅰ・Ⅱ	Ⅲ
ㅗ	오다 (来る)	오-	와-
ㅜ	배우다 (習う)	배우-	배워-

오늘 일본에서 친구가 오거든요.
　　　　　今日, 日本から友達が来るもんですから.
저기 버스가 와요.　　(あそこに)バスが来ましたよ.
어디에서 한국어를 배우셨어요?
　　　　　どこで韓国語を学ばれましたか.
한국어는 학교에서 배웠는데요.
　　　　　韓国語は学校で習いましたが.

16課のぷちアップ

●道で

01	민아	혼다 씨, 어디 가세요?
02	혼다	네, 공항에 갑니다.
03		일본에서 친구가 왔거든요.
04	민아	그래요? 그럼 잘 다녀오세요.

01 [ミナ]　本田さん, どこか行かれるんですか.
02 [本田]　ええ, 空港に行きます.
03　　　　日本から友達が来たんですよ.
04 [ミナ]　そうですか. では, 気をつけて行ってらっしゃい.

● 事務室で

05	지은	이 책 좀 빌려주세요.
06	직원	네. 여기에 이름을 적어 주세요.

05 [チウン]　この本, ちょっと貸してください.
06 [職員]　ええ, ここに名前を書いてください.

● 単語

공항	<空港>[koŋ(h)aŋ] 空港. 船の「港」は항구<港口>
다녀오세요	[tanjɔosejo]［動詞］行ってらっしゃいませ. 다녀오다(行って来る)のⅡ-세요
직원	<職員>[tʃigwɔn] 職員
빌려주세요	[pilljɔdʒusejo] 貸してください. 빌려주다(貸す)のⅡ-세요. 빌리다(借りる)のⅢ+주다で「貸す」の意となる
이름	[irɯm] 名前
적어 주세요	[tʃɔgɔdʒusejo] 書いてください. 記入してください. 적다(書く)のⅢ+주세요

１６課のぷちチャレ

● 次の各文を韓国語に訳しなさい．

1) 昨日，市庁駅(시청역)で友達(複数)にお会いになられたでしょう？
   － いいえ，会えませんでした．私は連絡(연락)をもらえなかったんですよ．
2) お待たせしました．
   － いいえ．私も来たばかりです．
3) 映画は何時から何時までですか．
   － 3時半から6時までです．
4) 1時までに研究室(연구실)に来てください．
5) ここにどうぞ．（座って(앉다)ください．）
6) 江南駅(강남역)はこのバスに乗って下さい．
7) 日本に無事いってらっしゃいましたか．
8) マクドナルドで待ってて下さい．そこに鈴木さんもいるんですよ．
9) この部屋(방)をちょっと片付けて(정리하다)ください．
10) 誕生日は何月何日ですか．
    － 6月16日です．

1) 좋아요. [チョアヨ] 好きです. いいです

2) 대단한데요. [テダナンデヨ] すごいですね

3) 정말 재미있어요. [チョンマルチェミイッソヨ] とても面白いですね

4) 멋있어요. [モシッソヨ] 格好いいですね. すてきですよ

5) 너무 예뻐요. [ノムイェッポヨ] とてもきれいですよ

6) 맛있어요. [マシッソヨ] おいしいです

7) 잘 됐네요. [チャルデンネヨ] よかったですね

8) 잘 했어요. [チャレッソヨ] よくできました. それでいいんですよ.

9) 축하해요. [チュカヘヨ] おめでとうございます

10) 사랑해요. [サランヘヨ] 好きです. 愛しています

11) 최고에요. [チェゴエヨ] 最高です

喜びとほめの表現

ぷち表現

제 17 과 ● 韓国料理はお好きですか

하다と하다用言. …や. …して. 否定形 (2)

하다用言. -나/-이나. -고. 否定形：Ⅰ-지 않다

会話 1

● 料理の好みを尋ねる

01	수민	다케다 씨, 한국음식 좋아하세요?
02	다케다	네, 아주 좋아합니다.
03		지금은 일식보다 한식을 더 좋아해요.
04	수민	한국음식 중에서 뭐가 좋으세요?
05	다케다	전 비빔밥이나 불고기가 좋아요.

01 [スミン] 武田さん, 韓国料理お好きですか.
02 [武田] ええ, とても好きです.
03 今は和食より韓国料理がもっと好きですね.
04 [スミン] 韓国料理の中で何がお好きですか.
05 [武田] 私はピビンパとかプルゴギが好きです.

●単語

한국음식	<韓國飲食>[haːnguɡumʃiᵏ] 韓国料理
좋아하세요	[tʃoːa(h)asejo]［他動詞］**お好きですか**. 좋아하다(好む. 好きだ)のⅡ-세요.「…**が**好きだ」「…**を**好む」は「-를/-을 좋아하다」
좋아합니다	[tʃoːa(h)amnida]［他動詞］**好きです**. 좋아하다(好む. 好きだ)のⅡ-ㅂ니다
일식	<日式>[ilˀʃiᵏ] 日本料理
한식	<韓式>[haːnʃiᵏ] 韓国料理
더	[tɔ]［副詞］もっと. さらに
좋아해요	[tʃoːa(h)ɛjo]［他動詞］**好きです**. 좋아하다(好む. 好きだ)のⅢ-요
중	<中>[tʃuŋ]［不完全名詞］(…する. …の)**うち**. **中**. 必ず前に修飾語を伴う. ある範囲の内側の意の「なか. うち」は안
뭐	[mwɔː] 何. 무엇の短縮形
좋으세요	[tʃoːɯsejo] **お好きですか**. 좋다(良い)のⅡ-세요.「…が好きだ」は「-가/-이 좋다」
전	[tʃɔn] 私は. 저＋는の短縮形
비빔밥	[pibimˀpaᵖ] ピビンパ. 韓国式の混ぜご飯
불고기	[pulgogi] プルゴギ. 焼肉

会話2

●週末には何を? 64

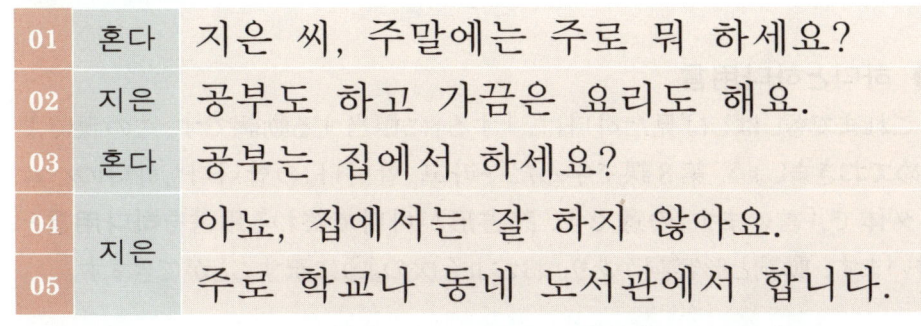

01	혼다	지은 씨, 주말에는 주로 뭐 하세요?
02	지은	공부도 하고 가끔은 요리도 해요.
03	혼다	공부는 집에서 하세요?
04	지은	아뇨, 집에서는 잘 하지 않아요.
05		주로 학교나 동네 도서관에서 합니다.

01 [本田]　チウンさん, 週末は主に何なさいますか.
02 [チウン]　勉強もするし, たまには料理もします.
03 [本田]　勉強は家でなさるんですか.
04 [チウン]　いいえ, 家ではあまりしないんですよ.
05 　　　　　主に学校や近所の図書館でします.

●単語

주말	<週末>[tʃumal] 週末.「休日」は휴일<休日>.「週末」や「休日」でない日は평일<平日>
주로	<主->[tʃuro] [副詞] 主に
하세요	[hasejo] なさいますか. 하다(する)のⅡ-세요
공부	<工夫>[koŋbu] 勉強
가끔	[kaʔkɯm] [副詞] たまに. 時々
요리	<料理>[jori] 料理
해요	[hɛːjo] します. 하다(する)のⅢ-요
잘	[tʃal] [副詞] うまく. 上手に. よく. (否定とともに用いて) あまり. それほど. (…ではない)
동네	<洞->[toːŋne] 町内. 近所
도서관	<圖書館>[tosɔgwan] 図書館

文法と表現

● 하다と하다用言

　これまでもしばしば見た하다は,「する」に相当する動詞です．この課でまとめておきましょう．第8課で学んだ「-라고 합니다」の합니다も하다のハムニダ体で,「言います」の意です．辞書形が하다で終わる用言を**하다用言**と言います．動詞と形容詞があり,おおよそ次のように訳すことができます:

> 사랑하다(愛する):動詞　　➔「…する」
> 조용하다(静かだ):形容詞　➔「…だ」

　하다形容詞の多くは日本語では「静かだ」のような, いわゆる形容動詞になります．「안녕하세요」も안녕하다(お元気だ)という形容詞です．
　하다用言では, 前の名詞の部分と하다の部分が分離し, その間に語尾の類が入り込むことがあります．とりわけ**안**と**못**の位置に注目しましょう:

요리하다	料理する
요리를 하다	料理をする
요리도 하다	料理もする
요리는 하다	料理はする
요리만 하다	料理だけする
요리까지 하다	料理までする

| 요리 안 하다 | 料理しない |
| 요리 못 하다 | 料理できない |

하다用言で変化するのは하다の部分だけで、語基活用は하다と同じです．第Ⅲ語基の하여-の形は，かたい書きことばでのみ用いられます：

하다用言の語基活用

	Ⅰ	Ⅱ	Ⅲ
하다[hada]	하 – [ha]		해– [hɛː] 하여– [hajɔ]
요리하다	요리하 –		요리해– 요리하여–

주로 어디서 공부하십니까? - 집에서 해요.
　　主にどこで勉強なさいますか． — 家でします．
집에서 요리도 하세요? - 잘 안 하는데요.
　　家で料理もなさいますか． — あまりしないですが．
시험 공부 많이 했어요?　　試験勉強いっぱいしましたか？
　아뇨, 공부 못 했어요. (≒ 공부하지 못 했습니다)
　　　　　　いいえ，勉強はできませんでした．（次項参照）
　아뇨, 공부 안 했어요. (≒ 공부하지 않았습니다)
　　　　　　いいえ，勉強をしませんでした．

なお，좋아하다（好む）のような，「**形容詞の第Ⅲ語基＋하다**」という形をした하다動詞と，조용하다（静かだ）のような**하다形容詞**は，否定の**안**や不可能の**못**は**動詞全体の前**に来ます：

김치는 **안** 좋아합니다. (≒ 좋아하지 않습니다.)
　　　キムチは好きではありません.
집 근처가 **안** 조용해요? (≒ 조용하지 않습니까?)
　　　家の近所が静かではないんですか?

「Ⅰ-지 못하다」という形で「…できない」という**不可能形**を作ることができます. 못を用いる不可能形, すなわち「못＋動詞」の書きことば的な形です:

집에서는 요리를 하지 못합니다. (≒ 요리를 못 해요.)
　　　家では料理ができません.

● –나/–이나 …や. …とか …でも ［選択限定. 列挙］

–나/–이나 の3つの用法
① 「AやB」,「AとかBとか」のように列挙する
② 数量を表す単語について多さを強調する「…も」
③ 数量を問う疑問詞について概数を表す「…くらい」

–나	…や, …とか	母音語幹につく	노래나 歌や, 歌とか
–이나	…でも	子音語幹につく	책이나 本や, 本とか

비빔밥이나 불고기가 좋아요.
　　　ピビンパやプルゴギが好きです.
두 시간이나 공부해요?
　　　2時間も勉強するんですか.

지금 돈이 얼마나 있어요?
今、お金がどのくらいありますか.

● Ⅰ-고 …して [ことがらの並列を表す接続形]
　Ⅲ-요やⅠ-죠などのように用言で文を終わらせる形を終止形といい,「…して…する」や「…しながら…する」の「…して」「…しながら」などにあたる用言の形を接続形といいます. 文を終わらせずに, さらに続ける形です.
　用言の接続形の1つであるⅠ-고は, いくつかの働きを持ちますが,「A が…して, …する」, あるいは「A が…して, B が…する」のように, ことがらが並列していることを表せます. とりわけ指定詞や存在詞につくと, ほとんどこの意味です：

　　　지은 씨는 비빔밥이고 수진 씨는 냉면이에요.
　　　　　チウンさんはピビンパで, スジンさんは冷麺です.
　　　일본요리도 있고 한국요리도 있어요.
　　　　　日本料理もあるし, 韓国料理もあります.
　　　공부도 하고 가끔은 요리도 해요.
　　　　　勉強もし, たまには料理もします.

● Ⅰ-지 않다 …しない [用言の否定形 その2：後置否定]
　用言の前に안を置いて作る否定形以外に,「Ⅰ-지 않다」という形でも否定形を作ることができます. また, 語尾(助詞)-는(…は)を入れて「Ⅰ-지는 않다」(…しはしない)と表現することもできます. 않다は子音語幹ですので規則的な**活用**をします：

173

않다の語基活用

(Ⅰ-지) 않다	Ⅰ	Ⅱ	Ⅲ
	않-	않으-	않아-

안を用いる否定形に比べ，Ⅰ-지 않다はより書きことば的です：

오늘은 도서관에는 가지 않습니다. (≒ 안 갑니다)
　今日は図書館には行きません．
커피를 좋아하지는 않습니다. (≒ 안 좋아합니다)
　コーヒーが好きではありません. (コーヒーを好むわけではありません)

１７課のぷちアップ

●歌手について語る

01	민아	한국 가수 중에서 누구를 제일 좋아하세요?
02	혼다	전 '신화'를 제일 좋아합니다.
03	민아	'신화' 팬이세요?
04	혼다	네, 말도 잘하고 노래도 잘하거든요.
05		민아 씨는 '신화' 안 좋아하세요?
06	민아	저요? 저도 싫어하지는 않는데요.

01 [ミナ]	韓国の歌手の中で誰が一番お好きですか.
02 [本田]	私は"シヌァ"が一番好きです.
03 [ミナ]	"シヌァ"のファンでいらっしゃいますか.
04 [本田]	はい, 話もうまいし, 歌も上手ですから.
05	ミナさんは"シヌァ"お好きじゃないんですか.
06 [ミナ]	私ですか. 私も嫌いではないんですけど.

●単語

가수	<歌手>[kasu] 歌手
신화	<神話>[ʃin(h)wa] 神話. ポップスグループの名
팬	[pʰɛn] ファン
잘하거든요	[tʃar(h)agɔdɯnnjo] [動詞] 上手なものですから. 잘하다は上手だ. うまい.「말을 잘하다」で「ことばが上手だ」,「話がうまい」
싫어하지는	[ʃirɔ(h)adʒinɯn] [他動詞] 嫌いでは(…ない). 싫어하다は「嫌う. 好まない」

１７課のぷちチャレ

● １　次の各文を訳しなさい．

1) 本田さん，家で何をなさいましたか．
　　　― 韓国語の勉強もして，部屋の掃除(청소)もしました．
2) 韓国の歌，お好きでいらっしゃいますか．
　　　― もちろんです．とても好きです．
3) お母さんは，この歌お嫌いですか．
　　　― いいえ，嫌いではありません．
4) 昼食召し上がりましたか．
　　　― いいえ，わざと(일부러)食べませんでした．ダイエット(다이어트)中(중)なんですよ．
5) 私の家で夕食でも一緒に食べましょうよ．
　　　― ええ，いいですよ．
　　　― ビール(맥주)やワイン(와인)もお飲みになりますか？
6) 来月(다음달)，チウンさんも韓国に行かれるんですか．
　　　― いいえ，私は行きません．
7) 朝はコーヒーとパンを食べて，昼はピビンパを食べました．
8) 今家に母はいなくて，姉しかいないんですけど．

● 2 例にならって，次の表を完成させなさい．

	Ⅰ-고	Ⅱ-시거든요 (Ⅱ-시- + Ⅰ-거든요)	Ⅲ-ㅆ는데요 (Ⅲ-ㅆ- + Ⅰ-는데요)
잡다	잡고 つかまえて	잡으시거든요 おつかまえに なるものですから	잡았는데요 つかまえたんですが
타다			
오다			
괜찮다			
만나다			
사다			
보다			
가다			
서다			
받다			
읽다			
찾다			

제 18 과 ● 韓国のインサドンをご存知ですか

用言の活用(2). …するが

ㄹ活用. 르変格活用. Ⅰ-지만

会話 1

●仁寺洞(インサドン)を語る

01	사토	혼다 씨, 한국의 인사동을 아세요?
02	혼다	그럼요, 친구들하고 자주 갔어요.
03	사토	인사동 어때요?
04	혼다	네, 보통 시내하고는 분위기가 달라요.
05		한국의 전통 찻집이 많거든요.
06	사토	그래요?
07	혼다	딴 카페도 좋았지만 인사동의 전통 찻집도 참 좋았습니다.

01 [佐藤]	本田さん，韓国の仁寺洞をご存知ですか．
02 [本田]	もちろんですよ，友達とよく行きました．
03 [佐藤]	仁寺洞，どうですか．
04 [本田]	ええ，普通の市内とは雰囲気が違います．
05	韓国の伝統茶を出す店が多いんですよ．
06 [佐藤]	そうですか．
07 [本田]	他の喫茶店も良かったですが，仁寺洞の伝統茶を出す店も本当に良かったですよ．

● 単語

인사동	<仁寺洞>[insadoŋ] 仁寺洞．ソウルの地名
아세요	[aːsejo] 御存知ですか．알다(知る．わかる)のⅡ-세요
그럼요	[kurɔmnjo] そうですよ．もちろんです．그럼 (もちろん)に丁寧化語尾-요がついた形．→224頁：[n]の挿入
친구	<親舊>[tʃʰingu] 友達
자주	[tʃadʒu] [副詞] しばしば．よく
어때요	[ɔˀtɛjo] どうですか．어떻다(どうだ)のⅢ-요．ㅎ[ヒウッ]変格活用という特別な活用をする．Ⅰ어떻-，Ⅱ어떠-，Ⅲ어때-．第Ⅱ語基，第Ⅲ語基で終声のㅎ[ヒウッ]が脱落するのが特徴
보통	<普通>[poːtʰoŋ] [副詞] [名詞] 普通
시내	<市內>[ʃiːnɛ] 市内．「市外」は시외<市外>
분위기	<雰圍氣>[punwigi] 雰囲気
달라요	[tallajo] 違います．異なります．다르다(異なる．違う)のⅢ-요．르変格
전통	<傳統>[tʃɔntʰoŋ] 伝統
찻집	<茶->[tʃʰaˀtʃip] 喫茶店
많거든요	[maːnkʰodɯnnjo] 多いんですよ．많다(多い)のⅠ-거든요
딴	[ˀtan] [冠形詞] 他の
카페	[kʰapʰe] [ˀkapʰe] カフェ．喫茶店
좋았지만	[tʃoːaˀtʃiman] よかったが．좋다(いい．良い)のⅢ-ㅆ-+Ⅰ-지만

会話2

●電話番号ご存知ですか

01	석우	저 혹시 핫토리 씨 메일주소 모르세요?
02	지은	전화번호는 알지만, 메일주소는 몰라요.
03		석우 씨도 전화번호는 아시죠?
04	석우	아뇨, 전 전화번호도 모르는데요.

01	[ソグ]	あの、ひょっとして服部さんのメールアドレスご存知ないでしょうか.
02	[チウン]	電話番号は知ってますが、メールアドレスはわかりません.
03		ソグさんも電話番号はご存知でしょう?
04	[ソグ]	いいえ、私は電話番号も知らないんですけど.

●単語

혹시	<或是>[hokʔʃi] [副詞] ひょっとして. もしや
모르세요	[moɾɯsejo] ご存知ないですか. 모르다(知らない. わからない)のⅡ-세요. 르変格
메일주소	<-住所>[meilʔtʃuso] メールアドレス
전화번호	<電話番號>[tʃɔːn(h)wabɔn(h)o] 電話番号
알지만	[aːldʒiman] 知っているが. 알다(知る. わかる)のⅠ-지만
몰라요	[mollajo] 知りません. 모르다(知らない. わからない)のⅢ-요
아시죠	[aːʃidʒo] ご存知でしょう. 알다(知る. わかる)のⅡ-시-+Ⅰ-죠

文法と表現

● ㄹ活用の用言

辞書形の語幹がㄹ[リウル]で終わる用言は，第Ⅰ語基と第Ⅱ語基でㄹが落ちない形と落ちた形の2通りがあります．この2つの形は，後ろにつく語尾によって使い分けます．ㄹ語幹の用言は第Ⅰ語基と第Ⅱ語基が同じで，この点で基本的には母音語幹と同じように活用するのですが，後ろにㅅ，ㄹ，ㅂ，오，ㄴの音で始まる語尾がつくときだけ，ㄹが落ちた形を用います．第Ⅲ語基の作り方は子音語幹と同じです：

살다(住む)：ㄹ活用

	Ⅰ	Ⅱ	Ⅲ
ㅅ，ㅂ，오，ㄴ，(終声の)ㄹ以外の音で始まる語尾や接尾辞に用いる． (Ⅰ-거든요, Ⅰ-죠, Ⅱ-면など)	살-		살아-
ㅅ，ㅂ，오，ㄴ，(終声の)ㄹで始まる語尾や接尾辞に用いる． (Ⅰ-는데요, Ⅱ-시-, Ⅱ-ㅂ니다など)	사-		

念のために語幹の最後の母音が陽母音の알다(知る，わかる)と陰母音の멀다(遠い)を対比して見てみましょう：

ㄹ[リウル]で終わる用言の語基活用＝ㄹ活用

	Ⅰ	Ⅱ	Ⅲ
알다(知る，わかる)	알- 아-		알아-
멀다(遠い)	멀- 머-		멀어-

ㄹ活用の用言を합니다体と해요体にしてみると次のようになります：

	합니다体 (Ⅱ-ㅂ니다)	해요体 (Ⅲ-요)
알다(知る, わかる)	압니다	알아요
멀다(遠い)	멉니다	멀어요

민아 씨 전화번호 알아요? - 네, 압니다.
　　ミナさんの電話番号を知っていますか. - はい, 知っています.
석우 씨 메일주소를 아시죠? - 네, 아는데요.
　　ソグさんのメールアドレスご存知でしょう？
　　　　　　　　　　　　――ええ, 知ってますが.
어디에 사세요? - 인사동에 살아요.
　　どちらにお住まいですか. - インサドンに住んでいます.
학교는 여기서 멉니까? - 네, 좀 멀어요.
　　学校はここから遠いですか. ――ええ, ちょっと遠いですね.

● ㄹ変格活用の用言

　辞書形の語幹が르で終わる用言の多くは, 第Ⅲ語基で母音ㅡが脱落し, かつㄹがㄹㄹとなります：

르変格活用

	I	II	III
모르다(知らない, わからない)	모르-		몰라-
빠르다(速い)	빠르-		빨라-
다르다(違う)	다르-		달라-
흐르다(流れる)	흐르-		흘러-

이 노래 모르세요? - 네, 잘 몰라요.
　　この歌, ご存知ありませんか.──はい, よく知りません.
그 사람은 말이 너무 빨라요.
　　あの人はしゃべるのが速すぎますよ.
여기는 분위기가 좀 달라요.
　　ここは雰囲気がちょっと違いますよ.

● I -지만 …するが. …だが [反意を表す接続形]
　I -지만は,「Aするが, …Bする」「Aだが, …Bだ」のように, 後ろに来ることがらと対比される意味を表します.「AもするがBもする」のように,「それだけでなく」という意味でも使います:

전화번호는 모르지만 메일주소는 압니다.
　　電話番号は知りませんが, メールアドレスは知っています.
카페도 좋지만 전통 찻집도 좋아요.
　　喫茶店もいいけれど, 伝統茶の喫茶店もいいですよ.
비빔밥도 좋았지만 불고기도 괜찮았어요.
　　ピビンパも良かったけれど, 焼肉も悪くありませんでしたよ.

１８課のぷちアップ

● 歌について尋ねる

| 01 | 민아 | 혼다 씨, 한국 노래를 잘 부르세요? |
| 02 | 혼다 | 노래는 좀 알지만 잘은 못 불러요. |

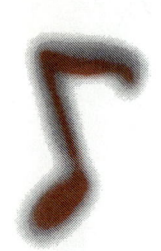

> 01 [ミナ]　本田さん, 韓国の歌は上手ですか.
> 02 [本田]　歌は少し知ってますが, 上手には歌えません.

● コンビニで

| 03 | 수민 | 여기 와인 있어요? |
| 04 | 점원 | 저희 가게에서는 술은 안 팔아요. |

> 03 [スミン]　ここ, ワインありますか.
> 04 [店員]　うち（の店）ではお酒は扱ってないんですよ.

● 学校へ行く手段について尋ねる

05	혼다	집에서 학교까지는 버스가 빨라요, 전철이 빨라요?
06	지은	버스가 빠르지만, 전철이 훨씬 편해요.

05 [本田]　家から学校まではバスが早いですか，電車が早いですか？
06 [チウン]　バスの方が早いけど，電車がずっと楽ですよ.

● 単語

노래	[norɛ] 歌.「노래를 부르다」は「歌を歌う」
부르세요	[puɾɯsejo] [他動詞] 歌われますか. 부르다(歌う.呼ぶ)のⅡ-세요
알지만	[a:ldʒiman] 知ってますが. 알다(知る, 分かる)のⅠ-지만
와인	[wain] ワイン
저희	[tʃɔi] 私たち. 私ども. 우리(私たち. 我々)の謙譲語
가게	[ka:ge] (品物を売る)店. 飲食店には用いない
술	[sul] 酒
팔아요	[pʰaɾajo] [他動詞] 売ります. 팔다(売る)のⅢ-요
집	[tʃipʰ] 家
버스	[ˀpɔsɯ] バス. 通常,語頭は濃音で発音する
빨라요	[ˀpallajo] [形容詞] 速いですか. 빠르다(速い)のⅢ-요
전철	<電鐵>[tʃɔ:ntʃʰɔl] 電車
훨씬	[hwɔlˀʃin] [副詞] はるかに. ずっと
편해요	<便->[pʰjɔn(h)ɛjo] [形容詞] 楽です. 便利です. 편하다(楽だ. 便利だ)のⅢ-요

１８課のぷちチャレ

● 1 次の各文を韓国語に訳しなさい．

1) この人，ご存知ですか．
   － いいえ，よく知りません．どなたですか？
   － 韓国の映画俳優(영화 배우)です．
2) 昨日鈴木さんに何度も電話したんですが，お取りになりませんでしたよね．
   － すみません，留守にしてたんですよ．
3) 家から電車の駅までは遠いですか．
   － すごく遠いってわけじゃないんですが，私は自転車で通っています．
4) 約束時間に遅れたんですけど(늦다)．タクシーはどこで乗るんでしょうか．
   － 土曜日の午後は，電車がずっと速いですよ．電車に乗ってください．
5) 日本から武田さんのお友達が見えたんですよ．ご存知ではありませんでしたか．
   － ええ，私は知りませんでしたが．

● 2 例にならって，次の表を完成させなさい．

	Ⅰ-지만	Ⅰ-습니다 Ⅱ-ㅂ니다	Ⅰ-는데요 Ⅱ-ㄴ데요	Ⅲ-ㅆ어요 (Ⅲ-ㅆ-+Ⅲ-요)
먹다	먹지만 **食べるが**	먹습니다 **食べます**	먹는데요 **食べますが**	먹었어요 **食べました**
알다				
멀다				
모르다				
빠르다				
다르다				
공부하다				

제 19 과 ● 韓国語がお上手ですね

感嘆語尾. 願望を表す形. …して. 用言の活用(3)

Ⅰ-네요. Ⅰ-고 싶다. Ⅲ-서
ㅂ変格用言. ㅡ活用の用言. ㄷ変格用言

会話

●韓国語の勉強について尋ねる

01	수민	한국어를 아주 잘하시네요.
02	다케다	아닙니다.
03		일이 바빠서 공부를 많이 못 했습니다.
04	수민	한국 드라마나 영화는 자주 보세요?
05	다케다	가끔 보지만 말이 빨라서 잘 못 알아들어요.
06	수민	한국어 공부, 뭐가 제일 어려워요?
07	다케다	발음이 제일 어렵습니다.
08		내년에는 한국에 가서 공부하고 싶습니다.

01 [スミン]		韓国語がとてもお上手ですね.
02 [武田]		いいえ.
03		仕事が忙しくて, 勉強があまりできませんでした.
04 [スミン]		韓国ドラマや映画はよくご覧になりますか.
05 [武田]		たまに見ますが, ことばが早くてよく聞き取れません.
06 [スミン]		韓国語の勉強, 何が一番難しいですか.
07 [武田]		発音が一番難しいですね.
08		来年は韓国に行って, 勉強したいです.

● 単語

잘하시네요	[tʃar(h)aʃinejo] お上手ですね. たいしたもんですね. 잘하다(上手だ)のⅡ-시-＋Ⅰ-네요
바빠서	[paʔpasɔ] 忙しくて. 忙しいので. 바쁘다(忙しい)のⅢ-서
드라마	[tɯrama] ドラマ
가끔	[kaʔkɯm] [副詞] 時々. たまに
말	[maːl] ことば. 話.「말이 빠르다」で「しゃべるのがはやい」
빨라서	[ʔpallasɔ] [形容詞] 速くて. 빠르다(速い)のⅢ-서
잘	[tʃal] [副詞] よく. うまく. 上手に
알아들어요	[aradɯrɔjo] 聞き取れます. 알아듣다(聞き取る)のⅢ-요. ㄷ変格
제일	<第一>[tʃeːil] [副詞] 一番. 最も
어려워요	[ɔrjɔwɔjo] 難しいですか. 어렵다(難しい)のⅢ-요. ㅂ変格
발음	<發音>[parɯm] 発音
어렵습니다	[ɔrjɔpʔsɯmnida] 難しいです. 어렵다(難しい)のⅠ-습니다
내년	<來年>[nɛnjɔn] 来年
가서	[kasɔ] 行って. 가다(行く)のⅢ-서
싶습니다	[ʃipʔsɯmnida] …したいです. 싶다のⅠ-습니다.「-고 싶다」で(…したい)

십구

文法と表現

● Ⅲ-서 …なので［原因］．…して［動作の先行］．…して［様態］

　Ⅲ-서もⅠ-고と並んで非常によく用いられる接続形です．どのような用言につくかによって実現する意味が異なります．あくまでも目安ですが，おおよそ次のような意味になる傾向があります：

Ⅲ-서が用いられる用言とその意味

Ⅲ-서につく用言	主な意味
形容詞, 存在詞	原因（…するので．…なので）
動詞	
	先行（…して）．様態（…して）

- 形容詞, 存在詞につく場合
  　일이 <u>바빠서</u> 거기는 못 갔어요.
  　　仕事が<u>忙しくて</u>あそこは行けませんでした．［原因］
  　오늘은 시간이 <u>없어서</u> 그 일은 못 했습니다.
  　　今日は時間が<u>なくて</u>その仕事はできませんでした．［原因］
- 動詞につく場合
  　저는 한국에 <u>가서</u> 공부하고 싶습니다.
  　　私は韓国に<u>行って</u>勉強したいと思います．［動作の先行］
  　책은 저기 <u>앉아서</u> 보세요.
  　　本はあそこに<u>座って</u>見てください．［動作の様態］

● Ⅰ-네요 …しますねえ. …ですね. ［発見的感嘆］
　Ⅰ-네요は,「…しますね」や「…ですねえ」といった, 感嘆を表す語尾です. 話の現場で発見したこと, 気づいたことに対する感嘆を表します：

　　한국어를 참 잘하시네요.
　　　　韓国語がとてもお上手ですね.
　　아, 이 찻집 아주 좋네요!
　　　　わあ, この喫茶店, とてもいいですね！
　　오늘은 사람이 아주 많네요.
　　　　今日はとても人が多いですね.

● Ⅰ-고 싶다 …したい ［願望］
　「Ⅰ-고 싶다」は,「…したい」という願望を表す語尾です.「싶다」だけでは用いず, 動詞や「いる」の意の存在詞있다と共に使われます：

　　| 動詞,存在詞 | ＋ | -고 싶다 | …したい |

　　저는 비빔밥을 먹고 싶어요.
　　　　私はピビンパが食べたいです.
　　저도 여기 있고 싶습니다.
　　　　私もここにいたいです.
　　한국에 가고 싶으세요?
　　　　韓国にお行きになりたいですか.
　　아키코 씨도 한복을 입고 싶죠?
　　　　明子さんも韓国の服を着たいでしょう？
　　그 사람 메일주소를 알고 싶은데요.
　　　　あの人のメールアドレスを知りたいんですが.

● ㅂ[ピウプ]変格の用言

辞書形から-다をとった形, すなわち語幹がㅂ[ピウプ]で終わる用言の多くは, 第Ⅱ語基でㅂが母音우に変わり, 第Ⅲ語基でㅂが워となります. この型の活用をㅂ変格といいます. 語幹がㅂで終わる形容詞のほとんどはㅂ変格です：

ㅂ[ピウプ]変格活用

	Ⅰ	Ⅱ	Ⅲ
가깝다(近い)	가깝-	가까우-	가까워-
어렵다(難しい)	어렵-	어려우-	어려워-
쉽다(易しい)	쉽-	쉬우-	쉬워-

집이 가까우세요? - 아뇨, 가깝지는 않아요.
　　お宅はお近くですか？— いいえ, 近くはありません.
한국어는 어려워요?
　　韓国語は難しいですか？
문법은 쉬운데요, 발음이 어렵습니다.
　　文法は易しいんですけどね, 発音が難しいですよ.

共和国では最後の母音が陽母音の場合は, 第Ⅲ語基가와となります. 韓国でも곱다と돕다のみ第Ⅲ語基가워ではなく, 와となります：

	Ⅰ	Ⅱ	Ⅲ
곱다(きれいだ)	곱-	고우-	고와-
돕다(手伝う)	돕-	도우-	도와-

민아 씨, 이 일 좀 도와 주세요.
　　ミナさん、この仕事ちょっと手伝ってください．

● 으[ウ]活用の用言

　語幹が母音ー[ウ]で終わる用言，つまり으語幹の用言は，第Ⅲ語基で母音のーが脱落し，その直前の母音が陽母音ㅏかㅗならㅏをつけ，それ以外ならすべてㅓをつけます：

으[ウ]活用の用言の語基活用

	Ⅰ	Ⅱ	Ⅲ
바쁘다(忙しい)	바쁘-	바쁘-	바빠-
슬프다(悲しい)	슬프-	슬프-	슬퍼-
쓰다(書く)	쓰-	쓰-	써-
예쁘다(きれいだ)	예쁘-	예쁘-	예뻐-

으活用の用言の第Ⅲ語基の作り方

	母音ーを取った形	最後の母音	第Ⅲ語基
바쁘다	바ㅃ	陽母音ㅏ,ㅗ	바빠-
슬프다	슬ㅍ	上記以外	슬퍼-
쓰다	ㅆ	上記以外	써-
예쁘다	예ㅃ		예뻐-

어제는 너무 너무 바빴습니다. - 오늘도 바빠요?
　　昨日はめちゃくちゃ忙しかったですよ．
　　　　　　　　　― 今日も忙しいですか？
여기에 집 주소를 써 주세요. - 아까 썼는데요.
　　ここに家の住所を書いてください． ― さっき書きましたけど．

언니도 예쁘고 동생도 예쁘네요.
お姉さんもきれいで,妹もきれいですね.

● ㄷ[ティグッ]変格の用言

語幹がㄷ[ティグッ]で終わる動詞には,第Ⅱ語基,第Ⅲ語基でㄷがㄹに変わるものがあります.この型の活用をㄷ変格といいます.語幹がㄷで終わる動詞であっても,받다(受け取る)のように正格用言もあります:

ㄷ[ティグッ]変格活用

		Ⅰ	Ⅱ	Ⅲ
ㄷ変格	듣다(聞く)	듣-	들으-	들어-
	묻다(尋ねる)	묻-	물으-	물어-
正格	받다(受け取る)	받-	받-	받아-

어제 민아 씨 얘기 들었어요?
　　昨日ミナさんのお話,聞きましたか.
한국어 뉴스는 다 알아들어요?
　　韓国語のニュースは全部聞き取れますか.
이건 언니한테 묻고 싶어요.
　　これはお姉さんに聞きたいです.

１９課のぷちアップ

● 体調を問う

01	수민	어디 아프세요?
02	성대	네, 머리가 좀 아파요.
03		어제 술을 너무 많이 마셨거든요.

```
01 [スミン]   どこかお悪いんですか.
02 [ソンデ]   はい, 頭がちょっと痛いんですよ.
03          昨日, 酒を飲みすぎましてねえ.
```

● 年賀状を送ります

04	석우	뭐 하셨어요?
05	수민	네, 스즈키 씨한테 연하장을 썼어요.
06		오랫동안 못 만나서 너무 보고 싶었거든요.

```
04 [ソグ]    何をなさってたんですか.
05 [スミン]  ええ, 鈴木さんに年賀状を書いてたんですよ.
06          長いこと会ってなかったんで, すごく会いたかった
            もんですからね.
```

● カバンについて話す

07	민아	이 가방 예쁘죠?
08	혼다	네, 아주 좋은데요.
09	민아	가방이 커서 책도 많이 들어가요.

> 07 [ミナ] このかばん可愛いでしょう？
> 08 [本田] ええ, とってもいいですね.
> 09 [ミナ] かばんが大きいから, 本もたくさん入るんですよ.

● ドラマについて話す

| 10 | 지은 | 어제 주말 드라마, 마지막이 너무 슬펐어요. |
| 11 | 수민 | 저도 꼭 보고 싶었는데요, 일이 있어서 못 봤어요. |

> 10 [チウン] 昨日の週末ドラマ, 最後がすごく悲しかったんです.
> 11 [スミン] 私もぜひ見たかったんですけど, 用事があって, 見れなかったんですよ.

● 学校まで遠いかを尋ねる

| 12 | 민아 | 집에서 학교까지는 멀어요? |
| 13 | 지은 | 아뇨, 가까워요. |

> 12 [ミナ] 家から学校までは遠いですか.
> 13 [チウン] いいえ, 近いですよ.

● 単語

아프세요	[apʰɯsejo] [apʰudsejo] [形容詞] お悪いんですか. 아프다(痛い)のⅡ-세요	
머리	[mɔri] 頭.「머리가 아프다」で「頭が痛い」	
아파요	[apʰajo] [形容詞] 痛いです. 아프다(痛い)のⅢ-요	
술	[sul] 酒	
너무	[nɔmu] [副詞] あまりに. とても	
마셨거든요	[maʃɔʔkɔdɯnnjo] [動詞] 飲みましたので. 마시다(飲む)のⅢ-ㅆ거든요.「飲みすぎる」は「너무 많이 마시다」.「食べすぎる」は「너무 많이 먹다」.「見すぎる」は「너무 많이 보다」	
뭐	[mwɔ] 何	
하셨어요	[haʃɔʔsɔjo] [動詞] なさってたんですか. 하다(する)に尊敬を表す接尾辞Ⅱ-시-がつき, その後Ⅲ-ㅆ어요がついた形	
-한테	[hantʰe] …に. 書きことば形は-에게. 尊敬形は-께	
연하장	<年賀状>[jɔn(h)aʔtʃaŋ] 年賀状	
썼어요	[ʔsɔʔsɔjo] [他動詞] 書きました. 쓰다(書く)のⅢ-ㅆ어요. 同音異義語で「使う」,「用いる」,「(帽子を)かぶる」もある	
오랫동안	[orɛtʔtoŋan] 長い間	
예쁘죠	[jeːʔpɯdʒo] [jeːʔpudʒo] [形容詞] きれいでしょう？ 예쁘다(きれいだ. かわいい)のⅠ-죠	
커서	[kʰɔsɔ] [形容詞] 大きくて. 크다(大きい)のⅢ-서	
들어가요	[tɯrɔgajo] [動詞] 入ります. 들어가다(入る)のⅢ-요	
주말	<週末>[tʃumal] 週末	
드라마	[tɯrama] ドラマ	
마지막	[madʒimakᵏ] 最後. 終わり	
슬펐어요	[sulpʰɔʔsɔjo] [形容詞] 悲しかったです. 슬프다(悲しい)のⅢ-ㅆ어요	
꼭	[ʔkokᵏ] [副詞] 必ず. きっと	
멀어요	[mɔːrɔjo] [形容詞] 遠いですか. 멀다(遠い)のⅢ-요	
가까워요	[kaʔkawɔjo] [形容詞] 近いです. 가깝다(近い)のⅢ-요	

19 십구

１９課のぷちチャレ

● １ 次の各文を韓国語に訳しなさい．

1) 韓国語がとてもお上手でいらっしゃいますね．
   いつから学んでいらっしゃったんですか．
2) 日本にも韓国映画やドラマがとても多いですね．
3) お腹(배)が痛くて，病院に行きました．
4) 私も韓国語の勉強を一生懸命(열심히)して，必ず韓国に行きたいです．
5) この本，何が一番難しかったですか．
   － それほど難しくありませんでした．他の本より面白くて，易しかったですよ．
6) チウンさんのメールに返事(답장)をお書きになりましたか．
   － まだ書いてないんですよ．仕事が忙しくて，時間がなかったものですから．
7) 日曜日にも学校に行って，勉強なさるんですか．
   － はい，学校が近いので，近所の図書館より楽なんですよ．
8) 夕食は何を召し上がりたいですか．
   － 私はプルコギが食べたいです．一度も食べたことがないので(못を用いて)
8) 来年四月から大学生になります(되다Ⅲ되어/돼)．
   － 本当によかったですね(잘되다)．

● 2 例にならって, 次の表を完成させなさい.

	Ⅰ-네요	Ⅲ-요	Ⅱ-시죠?	Ⅲ-ㅆ죠 (Ⅲ-ㅆ- + Ⅰ-죠)	Ⅲ-ㅆ어요 (Ⅲ-ㅆ- + Ⅲ-요)
가다	가네요 行きますね	가요 行きます	가시죠 お行きになる でしょう？	갔죠 行きましたね	갔어요 行きました
어렵다					
쉽다					
가깝다					
바쁘다					
아프다					
쓰다					
슬프다					
돕다					
살다					
괜찮다					
듣다					
하다					

「としょかん」と「トソグァン」!

「図書館」と「도서관」,「新聞」と「신문」のように,日本語の漢語と韓国語の漢字語は良く似たものがたくさんあります.これは,日本語と韓国語の漢字の読み方の似ているものがたくさんあるからです.

漢字はもともと中国から渡ってきたものです.それら漢字の発音を,韓国語式の発音に合わせて音読みし,歴史の中で定着したものを,朝鮮漢字音といい,日本語の発音にあわせて音読みして定着したものを,日本漢字音といいます.日本語の漢語は日本漢字音をもとに作られており,韓国語の漢字語は朝鮮漢字音をもとに作られているわけです.もともとが同じ中国から来ているわけですから,日本漢字音と朝鮮漢字音は似ているところもあって当然ですね.そこでしばしば日本漢字音のこれこれの音は朝鮮漢字音ではこれこれの音になっている,という具合に日本漢字音と朝鮮漢字音の音的な対応が見いだせるわけです.

たとえば漢字語数詞だけ見ても,「一」は「일」,「二」は「이」と,母音は[イ]と[이]で対応しています.音節の最後の子音では,日本漢字音で「ン」で終わるものは,朝鮮漢字音では「ㄴ」か「ㅁ」で終わります.同じように「ン」に聞こえても「ㅇ」で終わることはありません.日本漢字音で「ツ」とか「チ」で終わるものは,朝鮮漢字音では「ㄹ」で終わり,日本漢字音で「ク」や「キ」で終わるものは「ㄱ」で終わるという,こういった傾向が見出せるのです:

三	サン	感	カン		삼	감
先	セン	山	サン	→	선	산
六	ロク	学	ガク		육	학
七	シチ	日	ジツ		칠	일

買い物の表現 ぷち表現

1) 이거 얼마에요?   [イゴ オールマエヨ] これ, いくらですか
2) 너무 비싸요.   [ノム ピッサヨ] (値が)高すぎますね
3) 좀 깎아 주세요.   [チョム カッカジュセヨ] もっと安くしてください
4) 더 많이 주세요.   [ト マーニ チュセヨ] もっとたくさんください
5) 이거 주세요.   [イゴ チュセヨ] これください
6) 카드도 돼요?   [カドゥド トェヨ] カードも使えますか
7) 딴 건 없어요?   [タンゴン オプソヨ] ほかのはありませんか
8) 어서 오세요.   [オソ オセヨ] いらっしゃいませ
9) 또 오세요.   [ト オセヨ] またいらしてください

発展学習 もっと表現を(1)
連体形

「読む本」や「食べたごはん」のように，用言が体言を修飾する形を連体形といいます．「体言に連なる形」の意味です．日本語では「本を読む」という終止形と，「読む本」という連体形が同じ形になっていますが，韓国語では終止形と連体形は常に異なった形です．初級で学ぶべき主な連体形には次のような形があります．

● Ⅰ-는　…する…，…することになっている…，…している…．
　　　　　　　　　　　　　　　[動詞・存在詞の現在既定連体形]

「…する…」「…することになっている…」「…している」の意です．動詞と存在詞のみに用います．ㄹ[リウル]語幹の動詞には，ㄹが落ちた形につきます：

　　내일 한국에 가는 사람이 누굽니까?
　　　　明日，韓国に行く(ことになっている)人は誰ですか？
　　저는 아파트에 사는 게 좋아요.
　　　　私はマンションに住むのが好きです．
　　여기 있는 책, 누구 거에요?
　　　　ここにある本，誰のですか．

● Ⅱ-ㄴ 　…な…．…である….

　　　　　　　　　　[形容詞・指定詞の現在既定連体形]

　　形容詞と指定詞につき，「…な…」「…である…」の意の連体形を作ります．ㄹ[リウル]語幹の動詞には，ㄹが落ちた形につきます：

　　　어제 아주 좋은 영화를 봤어요.
　　　　　昨日, とてもいい映画を見ました．
　　　저는 어디 먼 나라로 가고 싶어요.
　　　　　私はどこか遠い国へ行きたいです．
　　　그 사람은 대학생인 형이 있습니다.
　　　　　あの人は大学生の兄さんが(＝大学生である兄さんが)います．

● Ⅱ-ㄴ 　…した….　[動詞の過去完成連体形]
　　Ⅱ-ㄴが動詞につくと，「…した…」という，動詞の過去完成連体形を作ります．ㄹ[リウル]語幹の動詞には，ㄹが落ちた形につきます：

　　　저 사람이 어제 학교에서 만난 사람이에요?
　　　　　あの人が昨日学校で会った人ですか．
　　　이건 아까 선생님한테서 받은 책입니다.
　　　　　これはさっき先生から受け取った本です．
　　　여기는 제가 고등학교 때까지 산 동네에요.
　　　　　ここは私が高校のときまで住んだ町です．

● Ⅲ-ㅆ던 　…だった….

　　　　　　　　　　[形容詞・存在詞・指定詞の過去連体形]

　　形容詞や存在詞，指定詞で「…だった…」という過去の連体形を作るには，このⅢ-ㅆ던を用います：

이 책에서 제일 재미있었던 게 뭐에요?
  この本の中で一番面白かったのはどれですか．
이번 시험에서 제일 어려웠던 게 영어에요.
  今回の試験で一番難しかったのが，英語です．
중학생이었던 민아가 벌써 대학생이 됐네요.
  中学生だったミナが，もう大学生になりましたね．

● Ⅱ-ㄹ　…すべき…．…する(であろう)…．
[用言の将然連体形]

　用言について，「…すべき…」「…するであろうところの…」の意の連体形を作ります．また，때(時)という名詞の前に用いて「Ⅱ-ㄹ 때」の形で，「…する時」の意を表します．살다(住む)のようなㄹ[リウル]語幹の動詞には，ㄹが落ちた形につき，살といった形になります：

오늘 볼 영화는 한국의 고등학생들이 보는 영화입니다.
  今日見る映画は(＝見るであろう映画)は韓国の高校生が見る
  (＝見ている)映画です．
뭐, 먹을 거 없어요?
  なんか食べるもの(＝食べるべきもの)ありませんか．
아침에 학교 올 때 민아 씨를 만났어요.
  朝，学校に来るとき，ミナさんに会いましたよ．

動詞, 形容詞, 存在詞, 指定詞で連体形を作ってみましょう:

	現在既定連体形 Ⅰ-는/Ⅱ-ㄴ …する人 …な人	過去完成連体形 Ⅱ-ㄴ/Ⅲ-ㅆ던 …した人 …だった人	将然連体形 Ⅱ-ㄹ …する時 …な時
받다	받는 사람	받은 사람	받을 때
살다	사는 사람	산 사람	살 때
좋다	좋은 사람	좋았던 사람	좋을 때
재미있다	재미있는 사람	재미있었던 사람	재미있을 때
-이다	학생인 사람	학생이었던 사람	학생일 때

발전학습

発展学習 もっと表現を(2)
接続形

「…して…する」の「…して」のように，用言が文を終わらせず，さらに続ける形を接続形といいます．19 課までにはⅠ-고(…して)やⅢ-서(…して．…なので)などの接続形を学びました．ここではよく使われる接続形を整理してみましょう．

● Ⅰ-고　…して．[ことがらの並列．動作の先行．動作の様態]

「兄さんは会社に行って，弟は学校へ行った」というような，Ⅰ-고の前後で主体が異なるものが，**ことがらの並列**の用法です：

　　　형은 회사에 가고 동생은 학교에 갔어요.
　　　　兄さんは会社に行って，弟は学校へ行きました．

同じ主体が後ろの動作に対して時間的に先立つ動作を行うことを表すのが，**動作の先行**の用法です：

　　　먼저 영어를 공부하고 그리고 한국어를 공부했습니다.
　　　　先に英語を勉強して，そして韓国語を勉強しました．

「弟は学校へ行きました」に対して，では「どういう姿や様子で行ったのか」

を表すのが**動作の様態**を表す用法です．この用法ではⅠ-고の前後で異なった主語を用いることはできません．動詞にのみこの用法があります．「帽子をかぶって(出かけた)」「目を閉じて(聞いた)」「タクシーに乗って(行った)」というような，人の姿を表す動詞に使われます：

　　　동생은 모자를 쓰고 학교에 갔어요.
　　　　　弟は帽子をかぶって学校へ行きました．

● Ⅲ-서　　…して．[動作の先行．動作の様態]
　　　　　…するので．…なので．[原因]

「勉強する」に先立つ「図書館に行って」という動作を表すのが，**動作の先行**の用法です．この用法では，動作を表す動詞，とりわけ가다(行く)や오다(来る)といった，移動の動作を表す動詞がよく用いられます：

　　　그럼 같이 도서관에 가서 공부하죠.
　　　　　じゃ，一緒に図書館に行って勉強しましょう．

　動作の様態を表す用法ではⅢ-서の前後で異なった主語を用いることはできません．「座って(読む)」とか「歩いて(行く)」など，人の立ち居振る舞いを表す限られた動詞にのみこの用法があります：

　　　저는 거기 앉아서 신문을 봤어요.
　　　　　私はそこに座って新聞を読みました．

　原因を表す用法では，主として形容詞や存在詞，指定詞にこのⅢ-서が用いられる場合です：

오늘은 시간이 없어서 민아 씨를 못 만났습니다.
> 今日は時間がなくて(＝なかったので), ミナさんに会えませんでした.

● Ⅱ-면　　…すれば. [仮定]

살다(住む)などㄹ[リウル]語幹の用言でも, 살면(住めば)といった具合に, ㄹが落ちません:

이건 김치하고 같이 먹으면 맛있어요.
> これはキムチと一緒に食べれば, おいしいですよ.

내일 비가 오면 야구시합은 하지 않습니다.
> 明日, 雨が降れば, 野球の試合は中止です.

● Ⅱ-면서　　…しながら. [ことがらの並行]

살다(住む)などㄹ[リウル]語幹の用言でも, 살면서(住みながら)といった具合に, ㄹが落ちません:

우리 동생은 언제나 텔레비전를 보면서 공부해요.
> うちの弟はいつもテレビを見ながら, 勉強します.

● Ⅱ-니까　　…するから. …するので. [理由] …したら. [契機]

살다(住む)などㄹ[リウル]語幹の用言には, ㄹが落ちた形につき, 사니까(住むから)といった形になります:

날씨가 추우니까 옷을 많이 입고 나가세요.
> 天気が寒いから服をたくさん着て出かけてください.

전화를 거니까 민아 씨가 받았어요.

電話をかけたらミナさんが電話に出ました.

● Ⅲ-도　　…しても. [反意]

볼펜으로 써도 괜찮습니까?
　　ボールペンで書いてもかまいませんか.
늦어도 꼭 오세요.
　　遅くなっても必ず来てください.

● Ⅰ-지만　　…するが. …だが. [反意]

그 사전도 좋지만 이것도 괜찮아요.
　　その辞書もいいですが, これもなかなかいいですよ.
시간은 있지만 돈이 없습니다.
　　時間はあるけれど, お金がありません.

● Ⅰ-는데/Ⅱ-ㄴ데　　…するのに. …するが. [前提. 反意]
　動詞, 存在詞にはⅠ-는데を用い, 形容詞, 指定詞にはⅡ-ㄴ데を用います. 動詞살다(住む)や形容詞멀다(遠い)のようなㄹ[リウル]語幹の用言には, ㄹが落ちた形につき, それぞれ사는데や먼데といった形になります:

내일 친구들하고 부산에 가는데 혼다 씨도 같이 가요.
　　明日友達と釜山に行きますけど, 本田さんも一緒に行きませんか.
이 가방, 값은 비싼데 질은 별로 안 좋아요.
　　このカバン, 値段は高いのに質はあまりよくないですよ.

발전학습

発展学習 もっと表現を（3）
将然判断

　用言の本体と語尾の間に入って，文法的な働きをする要素を接尾辞と呼びます．こうした文法接尾辞として，尊敬のⅡ-시-（➔130 頁）や過去完成のⅢ-ㅆ-（➔140頁）があります．：

単語の本体	接尾辞	語尾
받으	시	죠?
「受け取る」	尊敬	確認

そのほかに次の接尾辞にも触れておきましょう．

● Ⅰ-겠-　　…する．…しそうだ．[将然判断の接尾辞]

　この接尾辞は話をやりとりしている現場における話し手の判断を表します．動作や状態の主体が話し手の場合と，話し手ではない場合，またどういう用言が用いられるかで，少しずつ意味が異なってきます．主体が話し手で，かつ用言が話し手の意志でコントロールできるような動詞である場合は，話の現場における話し手の意志を強く表します．いま，その場で「私がやる意志がある」と表明する気持ちです：

　　　그 일은 제가 하겠습니다.
　　　　　その仕事は私がやります．

また, たとえば「비가 오다」(雨が降る)のように, 用いられる用言が非意志的な動作を表す場合は, 「…しそうだ」という様子を表すものとなります:

　　내일은 비가 오겠네요.
　　　　　明日は雨が降りそうですね.
　　아, 너무 바빠서 죽겠어요.
　　　　　あ, 忙しくて死にそうですよ.
　　아, 따님이 미국에 가셨어요? 그럼 쓸쓸하시겠어요.
　　　　　あ, お嬢さんがアメリカに行かれたんですか. ではおさびしいでしょうね.

알다(知る. わかる)などでは, -겠-のない알아요なら「知っています」, -겠-がついた알겠어요なら,「わかります」「わかりそうです」と,「話の現場で判断してみるに, わかりそうだ」というような気持ちが入ります. この알다と모르다(知らない. わからない)は, -겠-が用いられる動詞のうち, 最も使用頻度の高いものです:

　　이 사람, 아시겠어요? - 잘 모르겠는데요.
　　　　　　　　　　　　　　누구 사진이에요?
　　　　この人, おわかりですか? ——よくわかりませんが.
　　　　　　　　　　　　　　　誰の写真ですか?

次のように, あいさつことばとなっているものにも現れます:

　　처음 뵙겠습니다.
　　　　　初めまして. (初めてお目にかかります)

발전학습

発展学習 もっと表現を(4)
非敬意体

　日本語には「です・ます体」のような丁寧な文体のほかに，「だ・である体」というぞんざいな文体があります．前者は敬意体，後者は非敬意体といえるでしょう．敬体と常体などとも呼ばれます．同様に，韓国語にも，敬意体と非敬意体があります：

	敬意体 (ていねい)		非敬意体 (ぞんざい)	
日本語	です・ます体		だ体	である体
韓国語	합니다体	해요体	해体	한다体

　上の表はいずれも動詞하다(する)の形で名づけたものです．これまで学んだ합니다体と해요体は，いずれも丁寧な文体である敬意体です．非敬意体のうち，해体は目下や同年輩の友人などに用いる話しことば的な文体です．한다体は文章を書くのに用いる，書きことば的な文体です．

● 해体

　해体では用言の第Ⅲ語基の形そのままで文を終止させます．平叙，疑問，勧誘，命令などをイントネーションで区別します：

　　　너, 지금 학교 가? - 나? 아니, 지금 안 가.
　　　　おまえ, 今, 学校行く？── 私？いや, 今行かないよ.

지금 나하고 같이 가. - 미안해. 너 먼저 가.
　　　今ぼくと一緒に行こう. ── ごめん, あなた先に行って.

● **한다体**
한다体では次のような形が用いられます:

	動詞	存在詞	形容詞	指定詞
平叙 …する	子音語幹 ＋Ⅰ-는다 母音語幹◎ ＋Ⅱ-ㄴ다		Ⅰ-다	
疑問 …するのか	◎Ⅰ-는가		◎Ⅱ-ㄴ가	
勧誘 …しよう	Ⅰ-자		なし*	なし
命令 …せよ	Ⅱ-라		なし*	なし

◎印は, ㄹ[リウル]語幹の用言にはㄹが落ちた形につくことを示す:
　　　動詞　　알다(知る)　　안다(知っている)
　　　　　　　　　　　　　　아는가(知っているか)
　　　形容詞　멀다(遠い)　　먼가(遠いのか)
*は, 행복하다(幸せだ)など, 一部の하다形容詞のみに用いる.

　　　그렇다! 고난 속에 기회가 있다. 하면 된다. 하자.
　　　　　　そうだ！苦難の中に機会がある. なせばなる. やろう.
　　　중요한 것은 결과인가? 아니, 과정이다. 행동하라!
　　　　　　重要なのは結果か？否(いな), 過程である. 行動せよ！
　　　그대는 이 말을 아는가? - "인생은 극장이다."
　　　　　　君はこのことばを知っているか. -「人生は劇場だ.」

発展学習 もっと表現を(5)
…している

「…する」にたいして「…している」という形があるように，韓国語にも「…している」にあたる形があります．

● Ⅰ-고 있다　…している．…しつつある．
　　　　　　　　[動作の継続進行] [再帰的な動作の結果状態]

「今，本を読んでいる」のような，動作が進行していることを表す形です．日本語の「…している」が「…して」+「いる」からなっているように，Ⅰ-고(…して) + 있다(いる)からなっています．「…しつつある」に言い換えうるような「…している」はこれで表せます：

　　　동생은 지금 책을 읽고 있어요.
　　　　弟は今，本を読んでいます．(＝読みつつあります)
　　　저 지금 편지를 쓰고 있는데요.
　　　　私，今，手紙を書いているんですが．
　　　　　　　　　　(＝書きつつあるんですが)

尊敬形「…していらっしゃる」は「Ⅰ-고 계시다」となります：

　　　선생님은 지금 책을 읽고 계십니다.
　　　　先生は今，本を読んでいらっしゃいます．

「帽子をかぶる」のような，自分の行った動作が自分自身に返って来るような動作を表す動詞につくと，動作の継続進行だけでなく，動作の結果状態も表します：

  저 애는 예쁜 모자를 쓰고 있네요.
    あの子，かわいい帽子をかぶってますね．
  전철을 타고 있는 동안 이 책을 다 읽었다.
    電車に乗っている間，この本を全部読み終えた．

● Ⅲ 있다　…している．[動作の結果状態]
 「窓が開いている」のような，動作の結果状態を表す「…している」はこの形で表します．＜「あいた」結果，「あいている」＞ような「…している」がこれにあたります．「…してしまっている」に言い換えうるような「…している」の多くはこれです：

  좀 추운데. 창문이 열려 있어요?
    ちょっと寒いな．窓が開いてますか？
  동생은 벌써 학교에 가 있어요.
    弟はもう学校に行っています．

「Ⅲ 있다」の尊敬形「…していらっしゃる」は「Ⅲ 계시다」となります：

  할아버지, 잠깐 여기 앉아 계세요.
    おじいさん，ちょっとここにお座りになっててください．

発音の変化

有声音化 ＝ 澄んだ音も語中では濁る

　第3課で学んだように，平音ㅂ,ㄷ,ㄱ,ㅈは語頭では無声音(澄んだ音)[p] [t] [k] [tʃ]ですが，語中(有声音間)では有声音(濁った音)[b] [d] [g] [dʒ]となります．これを有声音化といいます．また韓国語では有声音が語頭に来ることはありません．ㅅは[s] [ʃ]は有声音にならず，語頭・語中とも[s] [ʃ]のままです：

　　기자 〈記者〉　[kidʒa キジャ]　（記者）
　　자기 〈自己〉　[tʃagi チャギ]　（自己）

終声の初声化

終声の初声化＝母音の直前では，終声は初声として発音される

　51頁で見たように，終声は直後に母音が来ると，その母音の初声のように発音されます．このときの平音の終声は[p]→[b]のような有声音化も起こします：

　　집[tʃiᵖ チㇷ゚]　　＋이 [i イ] →　　집이[지비] tʃibi チビ]
　　（家）　　　　　＋（…が）　→　　（家が）

책이 [채기 tʃɛgi](本が), 옷이 [오시 oʃi](服が), 밥이 [바비 pabi](ご飯が), 몸은 [모믄 momɯn](体は), 산은 [사는 sanɯn](山は), 빵 [빵이 ˀpaɲi](パンが), 닫아 [다다 tada](閉め),

　물이[무리 muri](水が)のように終声ㄹ[l]は初声化すると[r]で発音されます．

口蓋音化（こうがいおんか）

　終声の初声化のうち，終声字母のㄷ[ᵗ]は，母音ㅣ[i]の前ではㄷ[d]で初声化せず，ㅈ[dʒ]で初声化します．また，終声字母のㅌ[ᵗ]は，ㅊ[tʃʰ]となって初声化します．これらを口蓋音化といいます：

　　굳이　［구지　kudʒi］（敢えて）　　같이　［가치　katʃʰi］（一緒に）

2 単語にまたがる終声の初声化，合成語における終声の初声化

　1単語内だけでなく，2単語が一息で発音される場合にも終声の初声化は起こります．この際，1 単語内における終声の初声化とは異なった音で初声化するものがあります：

　　못 알아들어요　［모다라드러요 modaradɯrɔjo］（聞き取れません）
　　　　　　　　　［모사라드러요 mosaradɯrɔjo］とはならない

濃音化

濃音化　＜口音＋平音＞→＜口音＋濃音＞

　口音の終声ㅂ,ㅍ,ㄼ,ㄿ,ㅄ[ᵖ]；ㄷ,ㅌ,ㅈ,ㅊ,ㅆ,ㅅ[ᵗ]；ㄱ,ㅋ,ㄲ,ㄳ,ㄺ[ᵏ]の直後に来る平音ㄱ,ㄷ,ㅂ,ㅅ,ㅈは，濁らずに濃音化します：

　　집［tʃiᵖ チㇷ゚］　＋　도［to ト］　→　집도［집또］［tʃiᵖˀto チㇷ゚ト］
　　　（家）　　　　　＋　（…も）　　→　（家も）

학교［학꾜］（学校），　숟가락 ［숟까락］（スプーン），　국제［국쩨］（国際），
옷도［옫또］（服も），　꽃도［꼳또］（花も），　　　　　　앞도［압또］（前も），
부엌도［부억또］（台所も），책방［책빵］（本屋），　　　접시［접씨］（皿）

子音語幹の用言における濃音化

子音語幹の用言につく，語尾や文法的な接尾辞の頭が平音ならば，その平音は濃音で発音します：

  남다 → [남따 nam$^{\text{?}}$ta] （残る）
  신고 → [신꼬 ʃin$^{\text{?}}$ko] （履いて）
  작습니다 → [작씀니다 tʃaː^{k} $^{\text{?}}$sumnida] （小さいです）

なお，子音語幹のうち，語幹末の終声がㅎ,ㄶ,ㅀのものはこれに該当せず，激音化（➡189頁）を起こします．また，ㄹ[リウル]語幹の用言ではこの濃音化は起こりません：

  알다（知る） ㄹ[リウル]語幹：[알따]とならない．[aːlda]
  안다（知る） ㄹ[リウル]語幹：[안따]とならない．[aːnda]
  안다（抱く） 子音語幹：[안따 aːn$^{\text{?}}$ta]となる．

ㄹ[リウル]連体形の直後の平音の濃音化

Ⅱ-ㄹ連体形の直後に来る平音は濃音化します：

  먹을 거 [머글꺼] 食べるもの

漢字語における終声ㄹ[リウル]の直後の平音の濃音化

漢字語においては，終声ㄹ[リウル]の直後に平音ㅈ,ㄷ,ㅅが来た場合，それら平音は濃音化します：

  출장 〈出張〉 [출짱 tʃʰl $^{\text{?}}$tʃaŋ チュルチャン] （出張）
  발달 〈發達〉 [발딸 pal $^{\text{?}}$tal パルタル] （発達）
  열심 〈熱心〉 [열씸 jɔl $^{\text{?}}$ʃim ヨルシム] （熱心）

平音ㅂ, ㄱでは濃音化せず, 有声音化します：

일본 〈日本〉　［ilbon］　　（日本）
출구 〈出口〉　［tʃʰlgu］　　（出口）

固有語では, 終声ㄹの直後の平音でも濃音化しないのが原則です：

살다　　［saːlda］　　（住む, 暮らす）
들지요　［tɯldʒijo］（入るでしょう, 持つでしょう）

漢字語における例外的な濃音化

漢字語において, 有声音の後の平音が濃音化する場合があります. こうした例外的な濃音化を起こす漢字は限られています. 次のような例が代表的なものです：

내과 〈內科〉［내꽈］(内科)　　만점 〈滿點〉［만쩜］(満点)
문법 〈文法〉［문뻡］(文法)　　문자 〈文字〉［문짜］(文字)
물가 〈物價〉［물까］(物価)　　사건 〈事件〉［사껀］(事件)
성과 〈成果〉［성꽈］(成果)　　상장 〈賞狀〉［상짱］(賞狀)
안과 〈眼科〉［안꽈］(眼科)　　이점 〈利點〉［이쩜］(利点)
인권 〈人權〉［인꿘］(人権)　　인기 〈人氣〉［인끼］(人気)
평가 〈評價〉［평까］(評価)　　한자 〈漢字〉［한짜］(漢字)
헌법 〈憲法〉［헌뻡］(憲法)

合成語における濃音化

固有語でも, 二つの単語が結合してできる合成語においては, 後ろの単語の頭音が平音であるときに濃音化する場合があります. どういう時に濃音化するかは, 結合する単語によって決まっています. また, この時, 前の単語が母音で終わる場合に, 사이시옷 ［saiʃioˈ サイシオッ］(間の s)と呼ばれる

「ㅅ」を終声に書きますが, 子音で終わる場合にはこれを書きません:

바다　＋　가　→　바닷가　　　　[바닫까 pada$^{t?}$ka] あるいは
（海）＋（へり）→（海辺）　　　[바닥까 pada$^{k?}$ka] あるいは
　　　　　　　　　　　　　　　　[바다까 pada$^{?}$ka]

강　＋　가　→　강가　　　　　　[강까 kaŋ$^{?}$ka]
（川）＋（へり）→（川辺）

鼻音化

口音の鼻音化

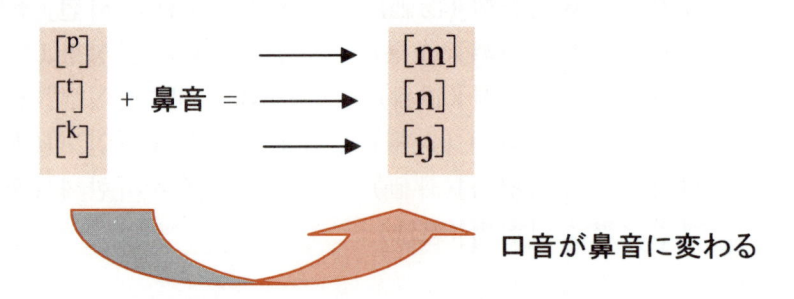

　口音の終声ㅂ,ㅍ,ㄼ,ㄿ,ㅄ [^{p}]; ㄷ,ㅌ,ㅈ,ㅊ,ㅆ,ㅅ [^{t}]; ㄱ,ㅋ,ㄲ,ㄳ,ㄹㄱ [^{k}]は, 直後に鼻音の初声ㅁ[m], ㄴ[n]が来ると, [^{p}]はㅁ[m]に, [^{t}]はㄴ[n]に, [^{k}]はㅇ[ŋ]に変化します. これらは, 口音がそれぞれ同じ位置で発音する鼻音に変わるもので, 口音の鼻音化といいます:

口音＋鼻音ㅁ[m], ㄴ[n]

[^{p}] 　　　　　　　　→　[m]
[^{t}] 　＋　鼻音　＝　→　[n]
[^{k}] 　　　　　　　　→　[ŋ]

口音が鼻音に変わる

口音＋鼻音 ㅁ[m]

[ᵖ]+[m] → [m]+[m]	입문	[immun]	(入門)
[ᵗ]+[m] → [n]+[m]	이것만	[igɔnman]	(これだけ)
[ᵗ]+[m] → [n]+[m]	꽃만	[ˀkonman]	(花だけ)
[ᵏ]+[m] → [ŋ]+[m]	박물관	[paŋmulgwan]	(博物館)

口音＋鼻音 ㄴ[n]

[ᵖ]+[n] → [m]+[n]	갑니다	[kamnida]	(行きます)
[ᵗ]+[n] → [n]+[n]	걷는	[kɔnnun]	(歩く：連体形)
[ᵏ]+[n] → [ŋ]+[n]	먹는	[mɔŋnun]	(食べる：連体形)

流音の鼻音化＝初声 ㄹ[r]の[n]化

鼻音の終声ㅁ[m]，ㅇ[ŋ]の直後では，流音の初声ㄹ[r]は，鼻音の[n]に変化します．これを流音の鼻音化といいます：

[m]+[r] → [m]+[n]	삼류	[samnju 삼뉴]	(三流)
[ŋ]+[r] → [ŋ]+[n]	장래	[tʃaŋnɛ 장내]	(将来)

口音のㅂ, ㅍ, ㄼ, ㄿ, ㅄ [ᵖ]；ㄷ, ㅌ, ㅈ, ㅊ, ㅆ, ㅅ [ᵗ]；ㄱ, ㅋ, ㄲ, ㄳ, ㄺ [ᵏ]の直後では，初声のㄹ[r]は，鼻音の[n]に変化します．さらにこの鼻音の[n]は，口音の終声を鼻音化させます：

[ᵖ]+[r] → [ᵖ]+[n] → [m]+[n]				
입력 → [입녁] → [임녁 imnjɔᵏ]				(入力)
[ᵗ]+[r] → [ᵗ]+[n] → [n]+[n]				
몇리 → [멷리] → [면니 mjɔnni]				(何里)
[ᵏ]+[r] → [ᵏ]+[n] → [ŋ]+[n]				
착륙 → [착뉵] → [창뉵 tʃʰaŋnjuᵏ]				(着陸)

流音化

流音化＝ㄴ[n]のㄹ[l]化

　ㄴ[n]とㄹ[r] [l]が隣り合うと，ㄴ[n]は全て流音ㄹ[l]に変わり，ㄹㄹ[ll]と発音されます．これを流音化もしくは舌側音化と呼びます：

　　終声のㄴ[n] ＋ 初声のㄹ[r] → [ll]
　　　　신뢰 [실뢰 ʃillwe]　　　（信頼）
　　終声のㄹ[l] ＋ 初声のㄴ[n] → [ll]
　　　　실내 [실래 ʃillɛ]　　　（室内）

　ただし，終声のㄴ[n]にㄹ[r]で始まる漢字語の接尾辞が結合する際には，[ll]とならず，[nn]で発音されます：

　　정신력 [정신녁 tʃɔŋʃinnjɔᵏ]　（精神力）
　　의견란 [의견난 ɯigjɔnnan]　（意見欄）

激音化

ㅎ[h]による激音化

　口音の終声ㅂ,ㅍ,ㄼ,ㄿ,ㅄ[ᵖ]；ㄷ,ㅌ,ㅈ,ㅊ,ㅆ,ㅅ[ᵗ]；ㄱ,ㅋ,ㄲ,ㄳ,ㄺ[ᵏ]は，直後にㅎ[h]が来ると，それぞれ対応する激音[pʰ], [tʰ], [kʰ]で発音されます．また，速い発音では口音の終声は脱落します：

　　[ᵖ]＋ㅎ[h]　　→　[ᵖ]+[pʰ]　　→　（速い発音で）[pʰ]
　　　급행　　　→　[급팽]　　→　[그팽]　（急行）
　　[ᵗ]＋ㅎ[h]　　→　[ᵗ]+[tʰ]　　→　（速い発音で）[tʰ]
　　　못하다　→　[몯타다]　→　[모타다]　（できない）

[ᵏ]+ㅎ[h]	→	[ᵏ]+[kʰ]	→	（速い発音で）[kʰ]
역할	→	[역칼]	→	[여칼]　（役割）

終声字母ㅎ[ᵗ]の直後に来る平音のㄷ[t]，ㄱ[k]，ㅈ[tʃ]は，それぞれ全て激音に変わります．速い発音では[ᵗ]も脱落します：

ㅎ[ᵗ]+ㄷ[t]	→	ㅎ[ᵗ]+[tʰ]	→	（速い発音で）[tʰ]
좋다	→	[졷타]	→	[조타]　（良い）
ㅎ[ᵗ]+ㄱ[k]	→	ㅎ[ᵗ]+[kʰ]	→	（速い発音で）[kʰ]
좋게	→	[졷케]	→	[조케]　（良く）
ㅎ[ᵗ]+ㅈ[tʃ]	→	ㅎ[ᵗ]+[tʃʰi]	→	（速い発音で）[tʃʰ]
좋지	→	[졷치]	→	[조치]　（いいよ）

終声字母ㄶ，ㅀの直後の平音も同様に激音化します：

옳다	→	[올타 oltʰa]	（正しい）
싫고	→	[실코 ʃilkʰo]	（嫌いで）
많지	→	[만치 ma:ntʃʰi]	（多いよ）

なお，終声字母ㅎ[t]，ㄶ[n]，ㅀ[l]の直後に来る平音のㅅ[s]は，濃音化して[ʔs]で発音されます：

좋습니다	→	[졷씀니다 tʃo:ʔsɯmnida]	（良いです）
많습니다	→	[만씀니다 ma:nʔsɯmnida]	（多いです）

ㅎ[h]の弱化と発音しない字母ㅎ

有声音にはさまれたㅎ[h]は, 有声音化した[h]である[ɦ]で発音されたり, 完全に脱落したりします:

有声音＋ㅎ[h] → 有声音＋ㅎ[ɦ] → 有声音＋無音のㅎ

안녕히 → [annjɔŋɦi] → [안녕이 annjɔŋi] （お元気で）
영화 → [jɔŋɦwa] → [영와 jɔŋwa] （映画）

「終声字母ㅎ＋母音」の組み合わせでは, 常にㅎは発音しません:

좋아요 → [조아요 tʃoːajo] （良いです）
싫어요 → [시러요 ʃirɔjo] （嫌いです）

[n]の挿入

2つの単語が結合するとき, 前の要素が子音で終わり, 後続の要素が[i]や[j]で始まる場合に, [i]や[j]の直前に発音上[n]が挿入されることがあります:

무슨 일 [무스닐] ではなくて [무슨닐 musɯnnil] （何のこと）
일본요리 [일보뇨리] ではなくて [일본뇨리 ilbonnjori] （日本料理）

挿入されたこの[n]の直前にある口音の終声は鼻音化します:

십육 → ([n]の挿入) [십뉵] （十六）
　　 → （さらに口音の鼻音化） [심뉵 ʃimnju^k]

옛이야기	→ ([n]の挿入)	[옛니야기]	(昔話)
	→ (さらに口音の鼻音化)	[옌니야기 je:nnijagi]	
한국요리	→ ([n]の挿入)	[한국뇨리]	(韓国料理)
	→ (さらに口音の鼻音化)	[한궁뇨리 hanguŋnjori]	

挿入された[n]の直前に流音の終声[l]があれば,「終声のㄹ[l]＋初声のㄴ[n]→[ll]」という流音化の規則により,挿入された[n]は[l]で発音されます:

볼일	→ ([n]の挿入)	[볼닐]	
	→ (さらに流音化)	[볼릴 pollil]	(用事)

2 文字の終声とその発音

子音字母が2つ並んでいる終声文字は,どちらか一方を読みます:

① 前の子音字母を読むもの

ㅄ ㄳ ㄵ ㄺ ㄾ ㄼ ㄶ ㅀ

값 [갑 ka^p]（値段）　　삯 [삭 sa^k]（賃金）

② 後ろの子音字母を読むもの

ㄺ (ㄻ) ㄿ ㄻ

닭 [닥 ta^k]（鶏）　　삶 [삼 sa^m]（生きること）

◆注 밟다（踏む）のみ, ㅂで読む.

これら2文字の終声の後ろに,母音で始まる語尾（助詞）や指定詞-이다（…である）がつくと,終声の初声化を起こし,2文字両方が読まれます:

값이 → [갑시] → [갑씨 ka$^{p?}$ʃi]（値段が）
값입니다 → [갑십니다] → [갑씸니다 ka$^{p?}$ʃimnida]（値段です）

話しことばでは，しばしば1文字の終声のように発音されます:

값이　　→［갑이］　　→［가비 kabi］
값입니다 →［갑입니다］→［가빔니다 kabimnida］

2文字の終声の後ろに，母音で始まる語尾(助詞)や指定詞-이다(…である)ではなく，独立した単語が連なる場合は，＜2単語にまたがる終声の初声化＞が起こります:

값(値)＋없다(ない)　　→　값없다(値打ちがない)
　　　　　　　　　　　→　［갑없다］　→　［가법따 kabɔᵖˀta］

長母音の短母音化

現在のソウルことばでは長母音はほとんどなくなっています．ただし，高齢層では長母音を保持している人もいますが，そうした場合でも，長母音は原則として第1音節にのみ存在します．長母音も，合成語となって第2音節以降に置かれると短母音化します:

사람［saːram］(人)　→　일본사람［ilbonˀsaram］(日本人)

終声の脱落や同化

速く発音すると，終声が脱落したり，次の音の影響を受けて同化という現象を起こしたりすることがあります:

못 가요［moːᵗ kajo］→［moᵏˀkajo］→［모까요 moˀkajo］
　　　　　　　　　　　　　　　　　　　　　(行けません)

신문　[ʃinmun]　→　[심문 ʃimmun]（新聞）
한국　[haːnguk]　→　[항국 haːŋguᵏ]　　（韓国）

母音の無声化

狭い母音], ᅱ, ㅜ, ㅡが, 激音 ㅍ, ㅌ, ㅋ, ㅊ, や摩擦音 ㅅ, ㅆ, ㅎの直後に来ると, 無声化することがあります:

투고 [tʰu̥go]（投稿）　　　시간 [ʃi̥gan]（時間）

語末における[ㅛ]の非円唇化・広母音化

話しことばでは語末, とりわけ文の末尾では[ㅛ]の円唇性がゆるんで[ㅓ]に近く発音されることがあります:

안녕하세요　→　[annjɔŋ(h)asejɔ]　（こんにちは）
여보세요　→　[jɔbɯsejɔ]　　（もしもし）
왜요　→　[wɛːjɔ]　　（どうしてですか）
있죠　→　[itˀtʃjɔ]　　（あるでしょう）

主な体言語尾 （助詞）

	母音語幹 (母音で終わる体言)	ㄹ語幹 (ㄹで終わる体言)	子音語幹 (子音で終わる体言)
例	학교 [ha$^?$kjo] 学校 할머니 [halmɔni] おばあさん 아까 [a$^?$ka] さっき 버스 [pɔsɯ] バス	마을 [maul] 村 손님들 [sonnimdul] お客様たち 내일 [nɛil] 明日 말 [mal] ことば	대학 [tɛha^k] 大学 아버님 [abɔnim] おとうさま 아침 [atʃʰim] 朝 돈 [toːn] お金
…は (主題限定)	-는 [nɯn] 학교는 学校は	-은 [ɯn] 마을은 村は	대학은 大学は
…は (主題限定：尊敬)	-께서는 [$^?$esɔnɯn] 할머니께서는 おばあさんは	손님들께서는 お客様たちは	아버님께서는 おとうさまは
…が (主格)	-가 [ga] 학교가 学校が	-이 [i] 마을이 村が	대학이 大学が
…が (主格：尊敬)	-께서 [$^?$kesɔ] 할머니께서 おばあさんが	손님들께서 お客様たちが	아버님께서 おとうさまが

…を (対格)	-를 [rɯl] 학교를 学校を	-을 [ɯl] 마을을 村を	대학을 大学を
…の (属格)	학교의 学校の	-의 [e] 마을의 村の	대학의 大学の
…も (包括限定)	학교도 学校も	-도 [do][ˀto] 마을도 村も	대학도 大学も
…も (包括限定: 尊敬)	할머니께서도 おばあさんも	-께서도 [ˀkesɔdo] 손님들께서도 お客様たちも	아버님께서도 おとうさまも
…に (与位格)	학교에 学校に	-에 [e] 마을에 村に	대학에 大学に
…に (与位格:書)	할머니에게 おばあさんに	-에게 [ege] 손님들에게 お客様たちに	아버님에게 おとうさまに
…に (与位格:話)	할머니한테 おばあさんに	-한테 [hanʰe] 손님들한테 お客様たちに	아버님한테 おとうさまに
…に (与位格: 尊敬)	할머니께 おばあさんに	-께 [ˀke] 손님들께 お客様たちに	아버님께 おとうさまに

…で (場所) (処格)	-에서 [esɔ]		
	학교에서 学校で	마을에서 村で	대학에서 大学で
…から (起点) (奪格)	-에서 [esɔ]		
	학교에서 学校から	마을에서 村から	대학에서 大学から
…から (奪格:書)	-에게서 [egesɔ]		
	할머니에게서 おばあさんから	손님들에게서 お客様たちから	아버님에게서 おとうさまから
…から (奪格:話)	-한테서 [hantʰesɔ]		
	할머니한테서 おばあさんから	손님들한테서 お客様たちから	아버님한테서 おとうさまから
…から (時間) (始点格)	-부터 [butʰɔ][ˀputʰɔ]		
	아까부터 さっきから	내일부터 明日から	아침부터 朝から
…まで (終点格)	-까지 [ˀkadʒi]		
	학교까지 学校まで	마을까지 村まで	대학까지 大学まで
…へ (方向) (向格)	-로 [ro][lo]		-으로 [ɯro]
	학교로 学校へ	마을로 村へ	대학으로 大学へ
…で (手段) (具格)	-로 [ro][lo]		-으로 [ɯro]
	버스로 バスで	말로 ことばで	돈으로 お金で

…より (比較格)	-보다 [boda][ˀpoda]		
	학교보다 学校より	마을보다 村より	대학보다 大学より
…のように (比況格)	-처럼 [tʃɔrʌm]		
	학교처럼 学校のように	마을처럼 村のように	대학처럼 大学のように
…だけ (指示限定)	-만 [man]		
	학교만 学校だけ	마을만 村だけ	대학만 大学だけ
…さえ (範囲限定)	-조차 [dʒotʃʰa][ˀtʃotʃʰa]		
	학교조차 学校さえ	마을조차 村さえ	대학조차 大学さえ
…と (並列:書)	-와 [wa]	-과 [gwa][ˀkwa]	
	학교와 学校と	마을과 村と	대학과 大学と
…と (並列:話)	-하고 [hago]		
	학교하고 学校と	마을하고 村と	대학하고 大学と
…と (並列:話)	-랑 [raŋ]	-이랑 [iraŋ]	
	학교랑 学校と	마을이랑 村と	대학이랑 大学と

…や, …でも, …とか （選択限定）	-나 [na] 학교나 学校や	-이나 [ina] 마을이나 村や	대학이나 大学や
…よ （呼格：書）	-여 [jɔ] 학교여 学校よ	-이여 [ijɔ] 마을이여 村よ	대학이여 大学よ
…！ （呼格：話）	-야 [ja] 민아야 ミナ！	-아 [a] 온달아 温達！	지은아 チウン！

◆「書」は書きことば形,「話」は話しことば形.
◆道具や手段を示す具格の「…で」は-로/-으로を用いる. また,「（人間）に」の場合は-에ではなく-에게,「（人間）から」の場合は-에서ではなく-에게서を用いる.
◆「…が」には-께서,「…は」には-께서는,「…に」には-께,「…と」には-께서도という尊敬形がある.
◆場所の起点を示す「…から」には-에서を用いる. 時間の起点, 順序の起点を表わす「…から」には-부터を用いる.「…まで」はいずれも-까지.

用言の活用の型

語基	語尾	하다活用	母音活用	子音活用	ㄹ活用
第Ⅰ語基	Ⅰ-다 辞書形	하다 する	사다 買う	오다 来る	잡다 つかむ	놀다 遊ぶ
	Ⅰ-지요? するでしょう？	하지요	사지요	오지요	잡지요	놀지요
	Ⅰ-습니다 します	×	×	×	잡습니다	×
第Ⅱ語基	Ⅱ-ㅂ니다 します	합니다	삽니다	옵니다	×	놉니다
	Ⅱ-십니다 なさいます	하십니다	사십니다	오십니다	잡으십니다	노십니다
	Ⅱ-세요 なさいます[か]	하세요	사세요	오세요	잡으세요	노세요
	Ⅱ-면 すれば	하면	사면	오면	잡으면	놀면
第Ⅲ語基	Ⅲ-요 します[か]	해요	사요	와요	잡아요	놀아요
	Ⅲ-ㅆ습니다 しました	했습니다 하였습니다	샀습니다	왔습니다	잡았습니다	놀았습니다
	Ⅲ-ㅆ어요 しました[か]	했어요 하였어요	샀어요	왔어요	잡았어요	놀았어요
	例	공부하다 （勉強する） 따뜻하다 （暖かい） 비슷하다 （似ている） 일하다 （働く）	가다 （行く） 만나다 （会う） 비싸다 （高い） 차다 （冷たい）	도와주다 （手伝う） 돌아오다 （帰る） 보다 （見る） 잘되다 （うまくいく）	같다 （同じだ） 먹다 （食べる） 앉다 （座る） 좋다 （良い）	길다 （長い） 만들다 （作る） 살다 （住む） 팔다 （売る）

ㅂ変格	ㄷ変格	ㅅ変格	ㅎ変格	ㅡ活用	르変格
춥다 寒い	걷다 歩く	낫다 治る	이렇다 こうだ	크다 大きい	모르다 知らない
춥지요	걷지요	낫지요	이렇지요	크지요	모르지요
춥습니다	걷습니다	낫습니다	이렇습니다	×	×
×	×	×	×	큽니다	모릅니다
추우십니다	걸으십니다	나으십니다	이러십니다	크십니다	모르십니다
추우세요	걸으세요	나으세요	이러세요	크세요	모르세요
추우면	걸으면	나으면	이러면	크면	모르면
추워요	걸어요	나아요	이래요	커요	몰라요
추웠습니다	걸었습니다	나았습니다	이랬습니다	컸습니다	몰랐습니다
추웠어요	걸었어요	나았어요	이랬어요	컸어요	몰랐어요
돕다 (助ける) 무섭다 (恐ろしい) ◆語幹がㅂで終わるほとんどの形容詞	깨닫다 (悟る) 묻다 (尋ねる) 알아듣다 (聞き取る) ◆動詞のみ	잇다 (つなぐ) 짓다 (作る) ◆形容詞は낫다(良い)一語のみ	빨갛다 (真っ赤だ) 어떻다 (どうだ) ◆좋다以外のㅎで終わる全形容詞	기쁘다 (嬉しい) 따르다 (従う) 바쁘다 (忙しい) 예쁘다 (かわいい)	고르다 (選ぶ) 부르다 (呼ぶ) 빠르다 (速い) 흐르다 (流れる)

反切表(はんせつひょう)

母音\子音	ㅏ a 「ア」	ㅑ ja 「ヤ」	ㅓ ɔ 広い 「オ」	ㅕ jɔ 広い 「ヨ」	ㅗ o 狭い 「オ」	ㅛ jo 狭い 「ヨ」	ㅜ u 円唇の 「ウ」	ㅠ ju 円唇の 「ユ」	ㅡ ɯ 平唇の 「ウ」	ㅣ i 「イ」
ㄱ k	가 カ ka	갸 キャ kja	거 コ kɔ	겨 キョ kjɔ	고 コ ko	교 キョ kjo	구 ク ku	규 キュ kju	그 ク kɯ	기 キ ki
ㄲ ʔk	까 カ ʔka	꺄 キャ ʔkja	꺼 コ ʔkɔ	껴 キョ ʔkjɔ	꼬 コ ʔko	꾜 キョ ʔkjo	꾸 ク ʔku	뀨 キュ ʔkju	끄 ク ʔkɯ	끼 キ ʔki
ㄴ n	나 ナ na	냐 ニャ nja	너 ノ nɔ	녀 ニョ njɔ	노 ノ no	뇨 ニョ njo	누 ヌ nu	뉴 ニュ nju	느 ヌ nɯ	니 ニ ni
ㄷ t	다 タ ta	댜 テャ tja	더 ト tɔ	뎌 テョ tjɔ	도 ト to	됴 テョ tjo	두 トゥ tu	듀 テュ tju	드 トゥ tɯ	디 ティ ti
ㄸ ʔt	따 タ ʔta	땨 テャ ʔtja	떠 ト ʔtɔ	뗘 テョ ʔtjɔ	또 ト ʔto	뚀 テョ ʔtjo	뚜 トゥ ʔtu	뜌 テュ ʔtju	뜨 トゥ ʔtɯ	띠 ティ ʔti
ㄹ r	라 ラ ra	랴 リャ rja	러 ロ rɔ	려 リョ rjɔ	로 ロ ro	료 リョ rjo	루 ル ru	류 リュ rju	르 ル rɯ	리 リ ri
ㅁ m	마 マ ma	먀 ミャ mja	머 モ mɔ	며 ミョ mjɔ	모 モ mo	묘 ミョ mjo	무 ム mu	뮤 ミュ mju	므 ム mɯ	미 ミ mi
ㅂ p	바 パ pa	뱌 ピャ pja	버 ポ pɔ	벼 ピョ pjɔ	보 ポ po	뵤 ピョ pjo	부 プ pu	뷰 ピュ pju	브 プ pɯ	비 ピ pi

부록

母音 \ 子音	ㅏ a 「ア」	ㅑ ja 「ヤ」	ㅓ ɔ 広い 「オ」	ㅕ jɔ 広い 「ヨ」	ㅗ o 狭い 「オ」	ㅛ jo 狭い 「ヨ」	ㅜ u 円唇の 「ウ」	ㅠ ju 円唇の 「ユ」	ㅡ ɯ 平唇の 「ウ」	ㅣ i 「イ」
ㅃ ʔp	빠 パ ʔpa	뺘 ピャ ʔpja	뻐 ポ ʔpɔ	뼈 ピョ ʔpjɔ	뽀 ポ ʔpo	뾰 ピョ ʔpjo	뿌 プ ʔpu	쀼 ピュ ʔpju	쁘 プ ʔpɯ	삐 ピ ʔpi
ㅅ s	사 サ sa	샤 シャ ʃa	서 ソ sɔ	셔 ショ ʃɔ	소 ソ so	쇼 ショ ʃo	수 ス su	슈 シュ ʃu	스 ス sɯ	시 シ ʃi
ㅆ ʔs	싸 サ ʔsa	쌰 シャ ʔʃa	써 ソ ʔsɔ	쎠 ショ ʔʃɔ	쏘 ソ ʔso	쑈 ショ ʔʃo	쑤 ス ʔsu	쓔 シュ ʔʃu	쓰 ス ʔsɯ	씨 シ ʔʃi
ㅇ 子音なし	아 ア a	야 ヤ ja	어 オ ɔ	여 ヨ jɔ	오 オ o	요 ヨ jo	우 ウ u	유 ユ ju	으 ウ ɯ	이 イ i
ㅈ tʃ	자 チャ tʃa	쟈 チャ tʃa	저 チョ tʃɔ	져 チョ tʃɔ	조 チョ tʃo	죠 チョ tʃo	주 チュ tʃu	쥬 チュ tʃu	즈 チュ tʃɯ	지 チ tʃi
ㅉ ʔtʃ	짜 チャ ʔtʃa	쨔 チャ ʔtʃa	쩌 チョ ʔtʃɔ	쪄 チョ ʔtʃɔ	쪼 チョ ʔtʃo	쬬 チョ ʔtʃo	쭈 チュ ʔtʃu	쮸 チュ ʔtʃu	쯔 チュ ʔtʃɯ	찌 チ ʔtʃi
ㅊ tʃʰ	차 チャ tʃʰa	챠 チャ tʃʰa	처 チョ tʃʰɔ	쳐 チョ tʃʰɔ	초 チョ tʃʰo	쵸 チョ tʃʰo	추 チュ tʃʰu	츄 チュ tʃʰu	츠 チュ tʃʰɯ	치 チ tʃʰi
ㅋ kʰ	카 カ kʰa	캬 キャ kʰja	커 コ kʰɔ	켜 キョ kʰjɔ	코 コ kʰo	쿄 キョ kʰjo	쿠 ク kʰu	큐 キュ kʰju	크 ク kʰɯ	키 キ kʰi
ㅌ tʰ	타 タ tʰa	탸 テャ tʰja	터 ト tʰɔ	텨 テョ tʰjɔ	토 ト tʰo	툐 テョ tʰjo	투 トゥ tʰu	튜 テュ tʰju	트 トゥ tʰɯ	티 ティ tʰi

母音 子音	ㅏ a 「ア」	ㅑ ja 「ヤ」	ㅓ ɔ 広い 「オ」	ㅕ jɔ 広い 「ヨ」	ㅗ o 狭い 「オ」	ㅛ jo 狭い 「ヨ」	ㅜ u 円唇の 「ウ」	ㅠ ju 円唇の 「ユ」	ㅡ ɯ 平唇の 「ウ」	ㅣ i 「イ」
ㅍ pʰ	파 パ pʰa	퍄 ピャ pʰja	퍼 ポ pʰɔ	펴 ピョ pʰjɔ	포 ポ pʰo	표 ピョ pʰjo	푸 プ pʰu	퓨 ピュ pʰju	프 プ pʰɯ	피 ピ pʰi
ㅎ h	하 ハ ha	햐 ヒャ hja	허 ホ hɔ	혀 ヒョ hjɔ	호 ホ ho	효 ヒョ hjo	후 フ hu	휴 ヒュ hju	흐 フ hɯ	히 ヒ hi

부록

◆反切表の字母の順序は，韓国の一般の辞書の字母の順序となっている．
◆朝鮮民主主義人民共和国の辞書における字母の順序は以下のとおり：
 母音：ㅏ, ㅑ, ㅓ, ㅕ, ㅗ, ㅛ, ㅜ, ㅠ, ㅡ, ㅣ, ㅐ, ㅒ, ㅔ, ㅖ, ㅚ, ㅟ, ㅢ, ㅘ, ㅝ, ㅙ, ㅞ
 子音：ㄱ, ㄴ, ㄷ, ㄹ, ㅁ, ㅂ, ㅅ, ㅇ, ㅈ, ㅊ, ㅋ, ㅌ, ㅍ, ㅎ, ㄲ, ㄸ, ㅃ, ㅆ, ㅉ
◆ ▇ 平音　▇ 濃音　▇ 激音

日本語の五十音をハングルで書く

ア行	ア 아	イ 이	ウ 우	エ 에	オ 오				
カ行	カ 가 카	キ 기 키	ク 구 쿠	ケ 게 케	コ 고 코	キャ 갸 캬		キュ 규 큐	キョ 교 쿄
サ行	サ 사	シ 시	ス 스	セ 세	ソ 소	シャ 샤		シュ 슈	シェ 셰	ショ 쇼
タ行	タ 다 타	チ 지 치	ツ 쓰	テ 데 테	ト 도 토	チャ 자 차		チュ 주 추	チェ 제 체	チョ 조 초
						ツァ 자 차			ツェ 제 체	ツォ 조 초
			テュ 듀 튜							
		ティ 디 티	トゥ 두 투							
ナ行	ナ 나	ニ 니	ヌ 누	ネ 네	ノ 노	ニャ 냐		ニュ 뉴	ニェ 녜	ニョ 뇨
ハ行	ハ 하	ヒ 히	フ 후	ヘ 헤	ホ 호	ヒャ 햐		ヒュ 휴	ヒェ 혜	ヒョ 효
						ファ 화	フィ 휘		フェ 훼	フォ 훠
マ行	マ 마	ミ 미	ム 무	メ 메	モ 모	ミャ 먀		ミュ 뮤	ミェ 몌	ミョ 묘

ヤ行	ヤ 야		ユ 유	イェ 예	ヨ 요			
ラ行	ラ 라	リ 리	ル 루	レ 레	ロ 로	リャ 랴	リュ 류	リェ 례	リョ 료
ワ行	ワ 와				ヲ 오	ウィ 위		ウェ 웨	ウォ 워
ガ行	ガ 가	ギ 기	グ 구	ゲ 게	ゴ 고	ギャ 갸	ギュ 규		ギョ 교
ザ行	ザ 자	ジ 지	ズ 즈	ゼ 제	ゾ 조	ジャ 자	ジュ 주	ジェ 제	ジョ 조
ダ行	ダ 다	ヂ 지	ヅ 즈	デ 데	ド 도		デュ 듀		
						ディ 디	ドゥ 두		
バ行	バ 바	ビ 비	ブ 부	ベ 베	ボ 보	ビャ 뱌	ビュ 뷰	ビェ 볘	ビョ 뵤
パ行	パ 파	ピ 피	プ 푸	ペ 페	ポ 포	ピャ 퍄	ピュ 퓨	ピェ 폐	ピョ 표

● 가카のように2つあるものは、次のように使い分ける

語頭の清音 → 平音 ㄱ, ㄷ, ㅂ, ㅈ
語中の清音 → 激音 ㅋ, ㅌ, ㅍ, ㅊ
語中の濁音 → 平音 ㄱ, ㄷ, ㅂ, ㅈ

とくがわ：도쿠가와

● 促音「ッ」はㅅ： ほっかいどう：홋카이도
「ン」はㄴ： けんじ：겐지
長音は表記しない： さとう：사토

ぷちチャレの答え

第4課　p.39

1) 책 [tʃʰɛᵏ] 本
2) 산 [san] 山
3) 꽃 [ʔkoᵗ] 花
4) 우리 [uri] 私たち
5) 강 [kaŋ] 河
6) 집 [tʃiᵖ] 家
7) 대학 [tɛ(h)aᵏ] 大学
8) 회사 [hweːsa] 会社
9) 노래 [norɛ] 歌
10) 서울 [sɔul] ソウル
11) 차 [tʃʰa] 車
12) 빵 [ʔpaŋ] パン
13) 앞 [aᵖ] 前
14) 지하철 [tʃi(h)atʃʰɔl] 地下鉄. 電車
15) 컴퓨터 [kʰɔmpʰjutʰɔ] コンピュータ
16) 커피 [kʰɔpʰi] コーヒー
17) 한국 [haːŋguᵏ] 韓国
18) 인터넷 [intʰɔneᵗ] インターネット
19) 술 [sul] 酒
20) 화장실 [hwaːdʒaŋʃil] トイレ
21) 친구 [tʃʰingu] 友達

240

第6課 p.56

1) 학교 선생님이세요?
2) 지금 회사세요?
3) 민아 언니에요/누나에요.
4) 준호 학교 친구에요.
5) 회사원이에요.

第7課 p.64

1) 동생은/남동생은 학생이에요?/학생이세요?
2) 석우 씨, 커피는 블랙이세요?
3) 집은 오사카세요?
   ― 집이요? 네, 집은 오사카에요.
4) 언니는요?/누나는요? 언니는/누나는 대학생이세요?
   ― 언니요?/누나요? 언니는/누나는 회사원이에요.

第8課 p.72

1) 한국어 수업은 무슨 요일입니까?/요일이에요?
2) 다음주 화요일은 제 생일입니다/생일이에요.
3) 저는 혼다 아키코라고 합니다.
4) 그럼 동아리 선배세요?
   ― 네, 동아리 선뱁니다/선배에요.
5) 다케다 씨는 스즈키 씨 친굽니까?/친구세요?/친구에요?
   ― 네, 고등학교 친굽니다/친구에요.

第9課 p.81

1) 여기가 지은 씨 학교에요?
2) 도서관이 어딥니까?
   - 저기가 도서관이에요.
3) 지난번 그 컴퓨터가 지은 씨 컴퓨텁니까?
   - 아뇨, 언니/누나 컴퓨터에요.
4) 어느 책이 석우 씨 책입니까?
   - 거기 그 책이 석우 씨 책입니다.
5) 어느 건물이 성대 씨 회삽니까?
   - 저 건물입니다.

第10課 p.91

1) 그거하고 이건 친구 가방이에요.
   그것하고 이것은 친구 가방입니다.
2) 그게 선생님 홈페이지에요?
   그것이 선생님 홈페이지입니까?
3) 이 사전은 누구 겁니까?
   이 사전은 누구 것입니까?
   - 지은 씨 거에요.
   - 지은 씨 것입니다.
4) 이건 오늘 신문이에요?
   이것은 오늘 신문입니까?
   - 그건 오늘 신문이 아니에요.
   - 그것은 오늘 신문이 아닙니다.
5) 이게/이것이 성대 씨 전화번호에요?

이게/이것이 성대 씨 전화번호에요?
- 아뇨, 그건 제 전화번호가 아니에요.
- 아뇨, 그것은 제 전화번호가 아닙니다.
6) 어느 게 언니/누나 컵이에요?
어느 것이 언니/누나 컵입니까?
- 저게 언니/누나 컵이에요.
- 저것이 언니/누나 컵입니다.
7) 이거 선배 책이에요?
이것 선배 책입니까?
- 아뇨, 그거 선생님 책 아니에요.
- 아뇨, 그것 선생님 책 아닙니까?

第12課 p.109

1) 죄송한데요, 우체국이 어디에/어디 있어요?
2) 석우 씨는 시티극장 건너편의 피자 집에 있는데요.
3) 지은 씨, 저 지금은 이 책밖에 없는데요.
4) 이 한국어 책도 아주 좋은데요.
5) 이 영화도 재미있습니까?
   - 네, 그 영화도 정말 재미있습니다.
6) 성대 씨 비디오 카메라 있습니까?
   - 전 그냥 카메라밖에 없는데요.
7) 지금 시간 괜찮습니까? (시간 좋습니까?/좋아요? **とは言わない**.)
   - 네, 괜찮아요. (좋습니다./좋아요. **とは言わない**.) 왜요?
8) 전화는 사무실 안에 있는데요.
9) 이 건물 뒤에 학교가 있습니다.

第 13 課　p.122

● 1

1) 어디에/어디 가요? ---편의점에 가요./가는데요.
2) 회사에서는 인터넷을 많이 봅니다.
3) 제 핸드폰 그 책상 위에 있어요?
   - 네, 이 책상 위에 있어요.
4) 오늘은 무슨 시험을 봐요?
   - 한국어 단어 시험을 봅니다.
5) 화장실이 어디에 있어요?
   - 엘리베이터 바로 옆에 있습니다.
6) 무슨 영화에요? 일본 영홥니까?
   - 아뇨, 일본 영화가 아니에요. 이건 한국의/한국 뮤직 비디온데요.
7) 공부는 어디서/어디에서 합니까?
8) 오늘은 어제보다 날씨가 좋은데요.

● 2

	Ⅰ-습니다, Ⅱ-ㅂ니다	Ⅰ-는데요, Ⅱ-ㄴ데요	Ⅲ-요
없다 ない	없습니다	없는데요	없어요
좋다 よい	좋습니다	좋은데요	좋아요
괜찮다 かまわない	괜찮습니다	괜찮은데요	괜찮아요
-이다 …である	-입니다	-인데요	-이에요
아니다 …ではない	아닙니다	아닌데요	아니에요

보다 見る	봅니다	보는데요	봐요(보아요)
가다 行く	갑니다	가는데요	가요
주다 あげる	줍니다	주는데요	줘요(주어요)

第14課 p.134

● 1
1) 이 가방, 한국에서는 얼마죠?
2) 그 영화, 고등학생도 괜찮죠?
3) 오늘 제가 저녁을 사죠.
4) 참, 지은 씨 지금 약속이 있으시죠?
5) 저 분은 핸드폰이 없으세요.
6) 박 선생님 지금 계십니까?
   - 실례지만 어디시죠?
   - 김성대라고 하는데요.
7) 내일 시간 괜찮으세요?
   - 네, 무슨 일이신데요?/일이시죠?
8) 저 분 김 선생님 아니세요?
   - 네, 저희 한국어 선생님이세요.
9) 오늘도 민아 씨하고 같이 공부하시죠?

● 2

	I-죠	II-십니다 (II-시-＋II-ㅂ니다)	II-세요 (II-시-＋III-요)	II-시죠 (II-시＋I-죠)
없다 ない	없죠	없으십니다	없으세요	없으시죠
좋다 よい	좋죠	좋으십니다	좋으세요	좋으시죠
괜찮다 かまわない	괜찮죠	괜찮으십니다	괜찮으세요	괜찮으시죠
-이다 …である	-이죠	-이십니다	-이세요	-이시죠
아니다 …ではない	아니죠	아니십니다	아니세요	아니시죠
보다 見る	보죠	보십니다	보세요	보시죠
가다 行く	가죠	가십니다	가세요	가시죠
주다 あげる	주죠	주십니다	주세요	주시죠
계시다 いらっしゃる	계시죠	계십니다	계세요	계시죠
하다 する	하시죠	하십니다	하세요	하시죠

第15課 p.151

● 1

1) 점심은 뭘 드셨어요?
   ― 비빔밥을 먹었어요.
2) 한국 음식은 맛있었어요?

    － 네, 다 괜찮았어요.
3) 어제 생일이셨죠?
    － 네, 책을 선물받았어요.
4) 제 메일 보셨어요?
    － 아뇨, 아직 못 봤는데요.
5) 추석 때 한복은 안 입으셨어요?
    － 네, 안 입었어요.

● 2

	Ⅲ-ㅆ죠 (Ⅲ-ㅆ-+Ⅰ-죠)	Ⅲ-ㅆ습니다 (Ⅲ-ㅆ+Ⅰ-습니다)	Ⅲ-ㅆ어요 (Ⅲ-ㅆ-+Ⅲ-요)
드시다 召し上がる	드셨죠	드셨습니다	드셨어요
많다 多い	많았죠	많았습니다	많았어요
괜찮다 かまわない	괜찮았죠	괜찮았습니다	괜찮았어요
-이다 …である	-였죠 /-이었죠	-였습니다 /-이었습니다	-였어요 /-이었어요
아니다 …ではない	아니었죠	아니었습니다	아니었어요
보다 見る	봤죠(보았죠)	봤습니다/보았습니다	봤어요(보았어요)
가다 行く	갔죠	갔습니다	갔어요
입다 着る	입었죠	입었습니다	입었어요
받다 受け取る	받았죠	받았습니다	받았어요
읽다 読む	읽었죠	읽었습니다	읽었어요

第 16 課 p.165

1) 어제 시청역에서 친구들을 만나셨죠?
   - 아뇨, 못 만났어요. 저는 연락을 못 받았거든요.
2) 많이 기다리셨죠?
   - 아니에요. 저도 금방 왔는데요.
3) 영화는 몇 시부터 몇 시까지입니까?
   - 세 시 반부터 여섯 시까지에요.
4) 한 시까지 연구실로 와 주십시오.
5) 여기에 앉으세요.
6) 강남 역은 이 버스를 타세요.
7) 일본에 잘 다녀 오셨어요?
8) 맥도날드에서 기다려 주세요. 거기에 스즈키 씨도 있거든요.
9) 이 방 좀 정리해 주세요.
10) 생일은 몇 월 며칠이세요?
    - 유월 십육일(6 월 16 일)이에요.

第 17 課 p.176

● 1
1) 혼다 씨, 집에서 뭐 하셨어요?
   - 한국어 공부도 하고 방 청소도 했어요.
2) 한국 노래를 좋아하세요?
   - 그럼요, 아주 좋아합니다.
3) 어머니는 이 노래를 싫어하세요?
   - 아뇨, 싫어하지/싫어하지는 않으세요.

4) 점심 드셨어요?
 - 아뇨, 일부러 먹지 않았어요.
         일부러 안 먹었어요.
    다이어트 중이거든요.
5) 저희 집에서 저녁이나 같이 먹죠?
 - 네, 좋아요.
 - 맥주나 와인도 드세요?
6) 다음 달에 지은 씨도 한국에 가세요?
 - 아뇨, 전 가지 않아요.
7) 아침은 커피하고 빵을 먹고 점심은 비빔밥을 먹었어요.
8) 지금 집에 어머니는 안 계시고 누나밖에 없는데요.

● 2

	Ⅰ-고	Ⅱ-시거든요 (Ⅱ-시+Ⅰ-거든요)	Ⅲ-ㅆ는데요 (Ⅲ-ㅆ+Ⅰ-는데요)
타다 乗る	타고	타시거든요	탔는데요
오다 来る	오고	오시거든요	왔는데요
괜찮다 かまわない	괜찮고	괜찮으시거든요	괜찮았는데요
만나다 会う	만나고	만나시거든요	만났는데요
사다 買う	사고	사시거든요	샀는데요
보다 見る	보고	보시거든요	봤는데요/보았는데요
가다 行く	가고	가시거든요	갔는데요

서다 立つ	서고	서시거든요	섰는데요
받다 受け取る	받고	받으시거든요	받았는데요
읽다 読む	읽고	읽으시거든요	읽었는데요
찾다 探す	찾고	찾으시거든요	찾았는데요

第18課 p.186

● 1

1) 이 사람 아세요?
   - 아뇨, 잘 모르는데요./몰라요./모르겠는데요(→211頁参照)
     누구에요?/누군데요?/누구신데요?
   - 한국 영화 배우에요.
2) 어제 스즈키 씨한테 몇 번이나 전화했지만 안 받으셨어요.
   - 미안해요, 집에 없었거든요.
3) 집에서 전철 역까지는 멀어요?
   - 아주 멀지는 않지만 전 자전거로 다녀요.
4) 약속 시간에 늦었거든요. 택시는 어디서/어디에서 타죠?
   - 토요일 오후는 전철이 훨씬 빨라요. 전철을 타세요.
5) 일본에서 다케다 씨 친구 분이 오셨거든요. 모르셨어요?
   - 네, 전 몰랐는데요.

● 2

	Ⅰ-지만	Ⅰ-습니다 Ⅱ-ㅂ니다	Ⅰ-는데요 Ⅱ-ㄴ데요	Ⅲ-ㅆ어요 (Ⅲ-ㅆ-+Ⅲ-요)
알다 わかる	알지만	압니다	아는데요	알았어요
멀다 遠い	멀지만	멉니다	먼데요	멀었어요
모르다 わからない	모르지만	모릅니다	모르는데요	몰랐어요
빠르다 速い	빠르지만	빠릅니다	빠른데요	빨랐어요
다르다 違う	다르지만	다릅니다	다른데요	달랐어요
공부하다 勉強する	공부하지만	공부합니다	공부하는데요	공부했어요

第19課 p.198

● 1
1) 한국말을 아주 잘하시네요. 언제부터 배우셨어요?
2) 일본에도 한국 영화나 드라마가 정말 많네요.
3) 배가 아파서 병원에 갔어요.
4) 저도 한국어 공부를 열심히 해서 꼭 한국에 가고 싶습니다.
5) 이 책, 뭐가 제일 어려웠어요?
   - 별로 어렵지 않았어요. 딴 책보다 재미있고 쉬웠어요.
6) 지은 씨 메일에 답장 쓰셨어요?
   - 아직 못 썼어요. 일이 바빠서 시간이 없었거든요.
7) 일요일에도 학교에 가서 공부하세요?
   - 네, 학교가 가까워서 동네 도서관보다 편하거든요.

8) 저녁은 뭘 드시고 싶으세요?
 － 전 불고기가 먹고 싶어요. 한번도 못 먹었거든요.
9) 내년 사월부터 대학생이 돼요
 － 정말 잘됐네요. (정말 좋았어요**とは言わない**.)

● 2

	Ⅰ-네요	Ⅲ-요	Ⅱ-시죠	Ⅲ-ㅆ죠 (Ⅲ-ㅆ- + Ⅰ-죠)	Ⅲ-ㅆ어요 (Ⅲ-ㅆ- + Ⅲ-요)
어렵다 難しい	어렵네요	어려워요	어려우시죠	어려웠죠	어려웠어요
쉽다 易しい	쉽네요	쉬워요	쉬우시죠	쉬웠죠	쉬웠어요
가깝다 近い	가깝네요	가까워요	가까우시죠	가까웠죠	가까웠어요
바쁘다 忙しい	바쁘네요	바빠요	바쁘시죠	바빴죠	바빴어요
아프다 痛い	아프네요	아파요	아프시죠	아팠죠	아팠어요
쓰다 書く	쓰네요	써요	쓰시죠	썼죠	썼어요
슬프다 悲しい	슬프네요	슬퍼요	슬프시죠	슬펐죠	슬펐어요
돕다 手伝う	돕네요	도와요	도우시죠	도왔죠	도왔어요
살다 住む	사네요	살아요	사시죠	살았죠	살았어요
괜찮다 かまわない	괜찮네요	괜찮아요	괜찮으시죠	괜찮았죠	괜찮았어요
듣다 聞く	듣네요	들어요	들으시죠	들으셨죠	들었어요